Anselm Grün

Vertrau auf deine Stärke

Anselm Grün

Vertrau auf deine Stärke

Vier-Türme-Verlag

Bibliographische Information der Deutschen Nationalbibliothek

Die Deutsche Nationalbibliothek verzeichnet diese Publikation in der Deutschen Nationalbibliographie. Detaillierte bibliographische Daten sind im Internet über http://dnb.d-nb.de abrufbar.

FSC www.fsc.org MIX Papier aus verantwortungsvollen Quellen FSC® C014889

Dieses Buch ist eine gekürzte und um Übungen erweiterte Fassung von: Anselm Grün, Trau deiner Kraft. Mutig durch Krisen gehen, Vier-Türme-Verlag, Münsterschwarzach 2009

1. Auflage 2016

Lektorat: Andrea Langenbacher
Umschlaggestaltung: Andrea Göppel, Augsburg
Fotomotiv: Andrea Göppel, Augsburg
Druck und Bindung: Pustet, Regensburg
ISBN 978-3-7365-0008-2

www.vier-tuerme-verlag.de

INHALT

Einführung

Krisen gehören zum Leben. Es gibt kein Wachstum ohne Krisen. Dies gilt für das persönliche Wachstum, aber offensichtlich auch für die Entwicklung einer Gesellschaft. Viele verlieren in der Krise den Mut und ihr Vertrauen ins Leben. So möchte ich in diesem Buch allen Menschen, die von Krisen geschüttelt werden, Mut machen, der eigenen Kraft zu trauen.

Das deutsche Wort »Kraft« bedeutet ursprünglich: Geschicklichkeit, Kunst, Fertigkeit, Handwerk. Es stammt aus einer Wurzel, die »drehen, winden, sich zusammenziehen« bedeutet. Für den Begriff der Kraft war demnach ursprünglich die Vorstellung vom Anspannen der Muskeln bestimmend.

Wenn wir über Kraft sprechen, geht es aber nicht nur um Muskelkraft, sondern auch um die seelische Kraft, die im Menschen ist. Sie ist in jedem Menschen angelegt, aber er muss seine Muskeln und seine seelischen Stärken auch anspannen, um seine Kraft zu spüren.

Viele Menschen meinen, dass ihre Kraft nicht genüge, um die Krise zu meistern. In der christlichen Tradition hat man in Krisensituationen und vor wichtigen Entscheidungen immer den Geist Gottes angerufen und den Heilig-Geist-Hymnus gebetet.

Man vertraute darauf, dass der Heilige Geist der Gemeinschaft und dem Einzelnen Wege zeigt und Kraft schenkt, um die Krise gut zu bestehen.

Der eigenen Kraft und Stärke zu trauen heißt für uns Christen daher, dass wir Vertrauen haben dürfen. Wir dürfen darauf vertrauen, dass die Kraft des Heiligen Geistes unsere körperliche und seelische Kraft stärkt.

Die Bibel bezeichnet den Heiligen Geist als »dynamis«, als Kraft, die eine innere Dynamik entwickelt und die sich voller Spannkraft den Herausforderungen des Lebens stellt. Sie hilft uns, mit Phantasie die Aufgaben zu lösen, die uns das Leben zumutet.

Und die Bibel spricht vom Heiligen Geist als »energeia«, als Energie. Das griechische »Energeia« setzt sich aus den Worten »en« – auf Deutsch »in« – und »ergon« – »das Werk« – zusammen. Es meint die wirkende Kraft, die ins Werk hineinströmt und die in alles hineinwirkt, was wir tun. Energie ist gleichsam die Kraft, die wir brauchen, um unsere Arbeit zu verrichten.

Wir hoffen, dass uns die Energie nicht ausgeht. Sie ist wie eine Quelle, aus der wir schöpfen. Der eigenen Kraft zu trauen heißt, darauf zu bauen, dass der Heilige Geist uns mit seiner »dynamis« zu Hilfe kommt und unsere Kraft stärkt. Wir dürfen hoffen, dass die Energie des Heiligen Geistes in unsere Kraft hineinströmt und sie befähigt, die Kraft in das Werk, in die Bewältigung der Krise hineinfließen zu lassen.

Das Wesen der Krise

Das griechische Wort »Krisis« bedeutet ursprünglich: Scheidung, Sonderung, Sichtung, Auswahl. Aber es kann auch Entscheidung und Beurteilung sowie den Ausgang und die Lösung eines Konflikts meinen. Für den griechischen Arzt Hippokrates bedeutet Krise »die ausschlaggebende Phase einer Krankheit« (Cottier 13).

Man spricht deshalb auch von der kritischen Phase. Sie ist »die entscheidende Phase einer Krankheit, in der sich die Wende zum Besseren oder Schlechteren, zu Leben oder Tod, vollzieht. In der also die Entscheidung über den Verlauf fällt, aber noch nicht gefallen ist« (Schnurr 61).

Lange Zeit wurde Krise nur im medizinischen und militärischen Bereich (als die kritische Phase in einer Schlacht) verwendet. Doch dann haben sich die Historiker und die Soziologen dieses Begriffes angenommen. »Für die Historiker bedeutet Krise eine Erschütterung, ein Infragestellen auf verschiedenen Ebenen, sie bedroht einen bisher feststehenden und unwandelbar scheinenden Zustand; sie bedroht Einrichtungen und Bräuche, das politische Gleichgewicht oder die Unerschütterlichkeit der Glaubensüberzeugungen und der Werte, von denen die Zivilisation lebt« (Cottier 13).

Die Krise kann demnach eine ganze Gesellschaft erschüttern und in Frage stellen. Sie stellt aber vor allem auch den Einzelnen in Frage und bedroht sein inneres Gleichgewicht.

Pierre Teilhard de Chardin, der französische Theologe, Naturforscher und Jesuit, sprach von der »Kraft der Verzweiflung«, die aus der Krise entspringt. Für Friedrich Nietzsche kann die Krise zum »Stimulans des Lebens«, zum »Mehrleben« werden.

Doch Nietzsche fügt hinzu: »Nur muss man gesund genug für dieses Stimulans sein.« Die Frage ist, ob wir persönlich und ob unsere Gesellschaft gesund genug ist, um in der Krise unserer Zeit den Stimulans zu erfahren und zum Mehrleben zu finden.

Die Psychologie hat das menschliche Leben als eine ständige Folge von Reifungs- und Werdenskrisen beschrieben. Da gibt es die Krise der Geburt, die Krise der Pubertät, der Lebensmitte, der Pensionierung, des Alterns und des Lebensendes. Diese Krisen gehören zum Wachstumsprozess des Lebens.

Man spricht hier von normativen Krisen. Daneben gibt es Einbruchskrisen, die von außen auf uns zukommen: Naturkatastrophen, Unfälle, Krieg, Arbeitslosigkeit, Verbrechen, Tod eines lieben Menschen.

In der Krise geraten wir unter zunehmenden seelischen Druck und suchen nach Auswegen aus der unangenehmen Lage. Wenn wir die Krise bewältigen, haben wir einen echten Reifungsschritt vollzogen.

Der deutsche Mystiker Johannes Tauler hat beschrieben, wie manch einer vor der Krise Angst hat und daher vor ihr davonläuft. Er stellt sich der inneren Unruhe nicht, die die Krise auslöst, sondern verlagert sie nach außen – beispielsweise indem er entweder die anderen ständig verändern will oder indem er alle drei Jahre einem anderen Guru nachläuft. Damit aber verweigert er den Schritt, den die

Krise verlangt. Er versteift sich auf seine Prinzipien, wird hart und unflexibel. Er verweigert die Reifung und Verwandlung, zu der ihn die Krise herausfordern will.

Die Psychologie sagt uns, dass jede Krise letztlich eine Identitätskrise ist. Es geht im Grunde immer darum, eine neue Identität zu finden: Wer bin ich angesichts der Krise, in die ich geraten bin? Jede Krise macht etwas mit mir und stellt mich in Frage. Ich kann nicht einfach so wie bisher weiterleben.

Schon in früheren Zeiten hat man Modelle entworfen, wie wir auf die Krise reagieren sollen, ohne sie zu verdrängen oder aus lauter Angst vor ihr zu flüchten. Die Lateiner prägten den bekannten Spruch: »Per aspera ad astra.« – »Durch das Harte und Beschwerliche hin zu den Sternen«

Die Griechen sprachen davon, dass Lernen immer auch Leiden ist. Der Hebräerbrief hat dieses griechische Wortspiel (»mathein« – »pathein«) auf Jesus angewandt: »Obwohl er der Sohn war, hat er durch das Leiden den Gehorsam gelernt« (5,8). Friedrich Hölderlin hat seine Reaktion auf die Krise in das geflügelte Wort gekleidet: »Wo aber Gefahr ist, wächst das Rettende auch.« All diese Worte wollen den Menschen Mut machen, vor der Krise nicht davonzulaufen, sondern sich ihr zu stellen.

Die Krise als Chance

Die Psychologie spricht davon, dass jede Krise zu einer Werde- und Reifungskrise werden kann. Es ist nicht selbstverständlich, dass die Krise zu einer Reifungskrise wird. Es kann auch sein, dass der Mensch in der Krise zusammenbricht. Dies geschieht vor allem dann, wenn er die Krise als etwas bewertet, was gar nicht sein darf, wenn er sie als persönliche Schuld ansieht oder aber wenn er sie verdrängt und kompensiert. Kompensation löst die Krise nicht, sondern verschärft sie nur.

Formen der Kompensation können der Ausweg in eine Spiritualität sein, die die Augen vor den Realitäten der Welt verschließt, oder ein leerer Aktivismus oder aber die Flucht in das Vergnügen. Die Süßwarenindustrie stellt beispielsweise fest, dass die Menschen in Zeiten der Krise mehr Schokolade oder andere süße Sachen essen.

Die Krise ist immer dadurch gekennzeichnet, dass das bisherige seelische Gleichgewicht gestört wird. So muss der Mensch versuchen, ein neues Gleichgewicht herzustellen. Die Krise ist daher eine Chance, sich gleichsam neu auszubalancieren.

Das Fremdwort »Chance« geht auf das lateinische Wort »cadere«, »fallen« zurück. Aus dem Französischen entlehnt meint »Chance« ursprünglich den glücklichen Fall der Würfel beim Würfelspiel. Die Krise als Chance meint, dass die Herausforderung glücklich ausgeht, dass die Würfel unseres Lebens gut fallen und wir einen Zugewinn an Kraft und Erfahrung bekommen.

Aber die Krise geht nicht automatisch gut aus. Sie verlangt von uns eine Antwort und einen Schritt hin zu mehr Reifung. Es liegt in unserer Verantwortung, wie wir auf die Krise reagieren. Wir können resignieren oder einfach so weitermachen, als ob es keine Krise gäbe. Oder aber wir können die Herausforderung als Chance sehen, unser Leben auf eine neue Basis zu stellen, und in uns neue Möglichkeiten entdecken.

Das menschliche Leben vollzieht sich in ständigen Krisen. Die Krisen werden gut bewältigt, wenn wir in ihr neue Möglichkeiten entdecken, eine neue Sichtweise unseres Lebens finden und neue Verhaltensweisen einüben, mit denen wir auf die aktuellen Herausforderungen reagieren. Wenn diese Reifungsschritte nicht getan werden, dann führt die Krise in die Krankheit, dann macht sie uns körperlich oder seelisch krank.

Wenn wir die Krise als Chance entdecken, dann werden wir in uns neue Möglichkeiten des Lebens entwickeln. Wir werden neue Erkenntnisse haben. Unsere Maßstäbe werden sich ändern. Wir werden durch die Krise klüger.

Für den Mystiker Johannes Tauler ist die Krise eine Chance, dass Gott uns in den Seelengrund führt. Tauler spricht von der Krise der Lebensmitte, in der sich viele Menschen eingerichtet haben: Sie kennen sich im Beruf aus. Sie haben eine Familie gegründet, ein Haus gebaut. Aber sie gehen im Äußeren auf. In dieser Situation aber bringt Gott die Menschen selbst in ein »Gedränge«. Gott macht es wie die Frau im Gleichnis (vgl. Lk 15,8–10). Sie stellt die Stühle auf den Tisch, verrückt die Schränke, um die verlorene Drachme – gemeint ist: das Bild des wahren Selbst – zu finden.

Damit der Mensch sich selbst findet, führt ihn Gott in die Krise. Tauler sieht die Krise demnach als Chance, Gott an sich handeln zu lassen und sich von Gott in den Grund seiner Seele führen zu lassen.

Bekannt ist, dass die Chinesen ein Zeichen haben, das zugleich Krise wie Chance bedeutet. Damit die Krise aber zur Chance wird, braucht es unsere Mitarbeit. Wichtig ist zunächst die richtige Reaktion. Wer die Krise verdrängt oder betäubt, den wird sie innerlich zerbrechen. Nur wer die Krise an sich heranlässt und sich fragt, was sie ihm zu sagen hat, kann daraus lernen.

Der entscheidende Lernschritt ist dann die Frage nach der eigenen Identität. Ich brauche ein anderes Selbstbild. Letztlich werde ich die Krise nur bewältigen, wenn ich den haltenden Grund meines Lebens in meiner Seele oder in

Gott finde. Jesus spricht vom Haus auf dem Felsen (vgl. Lk 6,48). Wir sollen unser Lebenshaus auf Gott bauen. Er ist ein Fels, der unserem Haus Bestand verleiht. Dann können die Stürme der Krise heranbrausen oder die Wasser und Wogen der Katastrophe über uns hereinbrechen. Sie werden das Haus nicht zum Einsturz bringen.

Viele Menschen haben mir erzählt, dass sie durch eine Krise auf einen neuen Weg gebracht wurden und einen großen Reifungsschritt gemacht haben.

Ein krebskranker Mann etwa ist inzwischen dankbar, dass der Krebs ihn heimgesucht hat. Denn die Krankheit hat ihm die Augen geöffnet für das, was wirklich im Leben zählt. Er hat seine Lebensweise umgestellt. Er ernährt sich bewusst und achtet auf seinen Lebensstil. Und er hat sich auf einen neuen spirituellen Weg eingelassen.

Eine Frau kam durch eine Angsterkrankung in eine Krise. Auch sie ist im Nachhinein froh, weil sie so die Angst machende Frömmigkeit ihrer Kindheit hinter sich lassen und sich zu einer neuen spirituellen Weite öffnen konnte.

Übung

Alles darf so sein,
wie es ist

Wenn du das Gefühl hast,
gegen Wände zu rennen
und gar nichts bewirken zu können,
halte inne und werde still.

Erlaube allen Situationen
genau so zu sein, wie sie sind.
Lass deine Anstrengungen los,
nimm alles so an wie es ist
und urteile nicht.

So kann in dir Ruhe entstehen,
die dich gelassener mit allem
umgehen lässt.

Schritte aus der Krise

In vielen Begleitungsgesprächen fragen mich die Menschen, wie sie damit umgehen sollen, wenn sie von schlechten Nachrichten in ihrem Umfeld hören. Sie sind persönlich noch nicht von der Krise betroffen. Aber ein Verwandter etwa hat seinen Arbeitsplatz verloren. Oder eine Firma in der Nähe hat Insolvenz angemeldet, es sei erst der Anfang der Krise.

Andere erzählen mir, dass sie persönlich von einer Krise betroffen sind. Ein Mann muss kurzarbeiten und merkt am Monatsende, dass ihm das Geld fehlt, das er zur Begleichung seiner Verpflichtungen benötigt. Seine Firma hat angekündigt, dass sie Mitarbeiter entlassen wird, und es kann sein, dass er selbst davon betroffen ist. Die Familie befürchtet, dass sie Sozialhilfe beantragen muss. Dann wird man den Lebensstandard nicht halten können und der Sohn wird kaum studieren können. Das Haus muss eventuell sogar verkauft werden. Keiner behält einen klaren Kopf. Angst legt sich über die Familie und hindert sie am nüchternen Überlegen, welche Schritte sie tun kann.

In Gesprächen werde ich mit all den Krisen konfrontiert, die ich oben beschrieben habe. Die Leute erzählen mir ihre Not und möchten einen Rat haben. Sie wollen sich nicht nur ihr Herz erleichtern und endlich mal über all das sprechen, was sie belastet. Sie wollen auch wissen, wie sie mit der Krise konkret umgehen können. Sie fragen mich ganz direkt: »Was können Sie mir raten?«

Ich kann auf diese Frage nicht sofort antworten. Und ich spüre, dass dieses Vertrauen auch eine Falle sein kann. Wenn ich gleich einen

Rat gebe, könnten ihn die Gesprächspartner als Patentrezept verstehen und ihn einfach befolgen. Aber der Einzelne kommt dann nicht mit sich und seinen eigenen Ressourcen in Berührung. Die Krise kann der Einzelne aber nur überwinden, wenn er mit seiner eigenen Kraft in Berührung kommt oder wenn er die Kraft des Heiligen Geistes in sich selbst spürt.

Ich kann die Krise des anderen nicht lösen und ihm auch nicht vermitteln, dass alles wieder gut wird. Ich muss die allgemeine, aber auch die persönliche Krise, in die ein Mann, in die eine Frau, in die eine ganze Familie gerät, ernst nehmen.

In der Krise melden sich ja auch andere Lebensthemen zu Wort: die Angst vor dem Verlassenwerden, die Angst, es nicht zu schaffen, die Angst, zu kurz zu kommen, die Angst, durch das Leben überfordert zu sein. Und es ist gut, im Gespräch diese tiefer liegenden

Themen anzusprechen, die durch die Krise an die Oberfläche kommen. Trotzdem erwarten die Menschen am Ende des Gesprächs konkrete Hinweise, was sie jetzt tun sollen.

Ich möchte einige Regeln nennen, die aufzeigen, wie wir auf jede Krise reagieren können. Das deutsche Wort »Regel«, das zuerst für die Ordensregel benutzt wurde, kommt vom lateinischen Begriff »regula«, das »Lineal, Richtschnur« bedeutet und ursprünglich aus dem Bauhandwerk stammt. Der heilige Benedikt will in seiner Regel nicht alle Probleme der Mönche lösen. Aber er gibt einen Rahmen an, den der Mönch befolgen soll. Dieser Rahmen kann helfen, durch persönliche Reifungs- und Glaubenskrisen besser hindurchzukommen. In diesem Sinn sind auch die folgenden Regeln gemeint.

Manche Menschen fragen mich auch: »Welchen Tipp können Sie mir geben?« Der

Begriff »Tipp« kommt aus der Börsensprache und aus der Welt des Pferdesports. Ein Tipp ist ein Hinweis auf eine Gewinnaussicht. Die Leute erwarten einen Tipp, der ihnen die Hoffnung schenkt und der sie auf die Gewinnerseite führt. Der Tipp soll ihnen helfen, ihre Krise zu überwinden. In diesem Sinn möchte ich ein paar Tipps geben, die keine Garantie für den Gewinn des Lebens sind, aber doch ein Hinweis sein könnten, wie man gut durch die Krise kommt.

Nicht in Panik geraten

Der erste Tipp: Versuche, nicht in Panik zu verfallen. Das ist natürlich leichter gesagt als getan. Das Wort »Panik« kommt vom griechischen Hirtengott Pan, dessen plötzliches Erscheinen den Hirten oft einen undeutbaren Schrecken versetzt und sie wie aufgescheuchte Tiere flüchten lässt. Die Panik überfällt einen, wenn die Krise – so wie Pan – völlig unvermittelt über einen hereinbricht.

Wir können das panische Erschrecken nicht verhindern. Aber wie wir mit der Panik umgehen, liegt in unserer Verantwortung. Manche steigern sich auch in die Panik hinein. Unsere Aufgabe ist es, die Panik wahrzunehmen und dann darauf zu reagieren.

Wenn die Angst hochkommt, dann rede mit der Angst. Denke die Angst zu Ende. Lasse in der Vorstellung das zu, wovor du Angst hast.

Stell dir also beispielsweise vor, dass dein Mann von seiner Firma entlassen wird. Würde das wirklich den Zusammenbruch bedeuten? Die Firma müsste zumindest einen Sozialplan aufstellen. Sie würde eine Abfindung geben. Und dann hätte dein Mann die Chance, etwas anderes neu anzufangen.

Oder du kannst überlegen, ob du einen Teil seines Einkommens durch deine Arbeit ausgleichen könntest. Und du kannst einen Plan machen, was man alles streichen könnte, wenn es finanziell eng werden würde.

Wenn ich in Panik gerate, dann werde ich blind und gelähmt. Die Lähmung hindert mich aber am Denken. Sie hält mich davon ab, kreative Lösungen zu suchen.

Ein junger Bauunternehmer erzählte mir, dass er jeden Morgen von Angst gelähmt aufwache. Er habe Angst, dass die Banken ihm keinen Kredit mehr geben und dass er dann Insolvenz anmelden müsse. Weil er sich die Angst verbietet, hält sie ihn im Griff. Sie lähmt ihn und hindert ihn daran, nach klaren Lösungen Ausschau zu halten.

Übung

Sich von der Stille des neuen Tages erfüllen lassen

Öffne am Morgen, noch bevor du
ein Wort gesprochen hast, ein Fenster,
atme tief ein und spüre die noch
ungebrochene Stille und die Reinheit
des neuen Tages.

Nimm die Stille und Klarheit des
Morgens dankbar in dich auf,
und bewahre sie dir möglichst lange
in deinem Herzen.
Im Schweigen wächst die Kraft
der Gelassenheit und Weite.

Dieser Mann müsste sich mit der Angst unterhalten, sich mit ihr vertraut machen. Dann könnte die Angst ihn herausfordern und ihm aktive Wege weisen, wie er die Firma retten oder – wenn es gar nicht anders geht – in einer guten Weise zu Ende bringen könnte.

Wenn er die Angst jedoch verdrängt, lähmt sie ihn und er gerät in Panik. Er erstarrt wie das Kaninchen vor der Schlange. Dann ist er gelähmt und unfähig, nach Auswegen oder Lösungen zu suchen.

Nicht in Panik zu geraten gilt auch für andere Bereiche. Ein Vater erzählte mir von seinem neunjährigen Sohn, der nicht mehr in die Schule will. Er habe Angst, er könne von den Klassenkameraden verprügelt werden. So zieht er sich immer mehr zurück. Der Vater gerät in Panik, aber mit dieser Panik schadet er seinem Sohn noch mehr. Denn er vermittelt ihm mit seiner Panik: »Du bist schwierig. Du machst deinen Eltern Sorgen. Wir wissen nicht, was wir mit dir machen sollen. Wir müssen zum Psychologen gehen. Was sagen die anderen Leute, wenn wir für dich einen Psychologen besorgen müssen?« Solche Überlegungen verunsichern den Sohn noch mehr. Sie vermitteln ihm Schuldgefühle, weil er seinen Eltern Probleme bereitet. Und sie vermitteln ihm den Eindruck, dass er ein schwieriger Fall ist, ein Mensch, mit dem man es kaum aushalten kann. Das raubt ihm jedes Selbstwertgefühl.

Hier wäre der Glaube an die Selbstheilungskräfte in dem Jungen wichtig. Ich kann ihm nur helfen, wenn ich an ihn glaube. Ich glaube daran, dass unter seiner Angst auch die Quelle des Heiligen Geistes in ihm sprudelt. Aus ihr kann er Kraft ziehen, um sich den Mitschülern in der Klasse auszusetzen und mit ihnen auf kreative Weise umzugehen. Anstatt in Panik zu geraten, sollte der Vater die Krise seines Sohnes aushalten und zu ihm stehen. So kann er ihm vermitteln, dass beide gemeinsam das Problem lösen können. Dadurch bekommt auch der Sohn wieder Stehvermögen. Der Vater kann dann mit dem Sohn besprechen, was ihm da konkret Angst macht: »Was könnte denn passieren, wenn du in die Schule gehst? Vor wem konkret hast du Angst? Was befürchtest du von ihm?«

Je konkreter der Vater mit dem Sohn ganz nüchtern über alle möglichen Eventualitäten spricht, desto differenzierter kann der Sohn seine Angst sehen. Und dann könnte der Vater ihn fragen: »Was hilft dir weiter? Was bräuchtest du, damit du vor diesem oder jenem keine Angst mehr hast? Was könntest du konkret tun, damit diese Mitschüler für dich nicht mehr so wichtig sind und dir keine Angst mehr machen?« Wenn der Vater ohne Panik mit dem Sohn die Angst durchspricht, bekommt auch der Sohn langsam wieder Vertrauen. Er hat ja Anteil am Vater, an seiner Klarheit, an seinem Mut, an seiner Kraft.

Einen kühlen Kopf bewahren

Panik verhindert das klare und nüchterne Denken. So ist ein weiterer wichtiger Rat, einen kühlen Kopf zu bewahren. Aber auch das ist nicht immer so einfach. Denn wenn die Angst sich in den Kopf setzt, dann verliert der Kopf seine Kühle. Dann kann ich nicht mehr klar denken.

Ich kann nur versuchen, bei aller Angst einen kühlen Kopf zu bewahren. Ich nehme dabei meine Angst wahr, wie sie mir in den Kopf steigt und wie sie mir den Hals zuschnürt. Dieses Ich, das die Angst wahrnimmt, ist von der Angst selbst schon gar nicht mehr betroffen. Und so ziehe ich mich von der Angst auf mein Ich – oder besser gesagt: auf mein Selbst – zurück. Die Mystiker sprechen von dem inneren Raum, zu dem die Angst keinen Zutritt hat. Wenn ich durch die Angst hindurch in diesen Raum der Stille jenseits aller Gefühle gelange, verliert die Angst an Macht über mich.

Aber Angst ist nicht das einzige Gefühl, das mich in der Krise heimsucht. Da ist etwa auch die Verunsicherung. Ich kenne mich mit mir selbst nicht mehr aus. Ich kann meinen inneren Zustand nicht erklären. Früher war für mich alles klar. Jetzt weiß ich nicht mehr, wie ich reagieren soll.

Auch diesen Zustand sollte ich erst einmal wahrnehmen und ihn zulassen. Ich muss ihn nicht unterdrücken. Aber dann kann ich mich bei aller Verunsicherung fragen: Was gibt mir jetzt Halt? Worauf kann ich setzen? Welcher

Kraft in mir kann ich trauen? Oder traue ich der Kraft des Heiligen Geistes in mir? Ist mir der Glaube eine wichtige Stütze? Von den Dingen aus, die mir Halt geben, kann ich dann die Krise nüchtern analysieren.

Ich kann diesen Raum, der mir Halt gibt, auch in meinem Körper suchen. Ich kann mir in meinem Leib einen Ort suchen, an dem ich mich wohl fühle. Für die einen ist dies der Bauch, für die anderen das Herz. Von diesem Ort aus denke ich dann über die Krise nach.

Ich überlege nun nüchtern, was die Krise ausgelöst hat und welchen Sinn sie haben könnte. Ich überlege, wie ich in der Vergangenheit auf Krisensituationen reagiert habe und was mir geholfen hat, eine Krise zu bewältigen. Und ich versuche, die Krise sachlich zu beurteilen. Wenn ich in eine Krise gerate, bin ich in Gefahr, alles schwarzzusehen. Ich meine manchmal, alles sei zusammengestürzt. Doch wenn ich meine Situation nüchtern anschaue, werden die Maßstäbe meiner Beurteilung zurechtgerückt. Ich erkenne, dass die Krise für mich kein Weltuntergang ist. Die Krise verunsichert mich. Sie hat die Maßstäbe durcheinandergewirbelt, die für mich in den letzten Jahren Gültigkeit hatten. Sie ist damit Herausforderung, neue Wege und neue Maßstäbe zu suchen.

Eine Krise ist immer mit innerer Erschütterung verbunden. Die Erschütterung verunsichert unser Denken. Das kann heilsam sein. Aber es kann uns auch völlig durcheinanderbringen, sodass wir gar nicht mehr klar denken können. Eine Frau erfährt etwa, dass ihr Mann eine Freundin hat. Ihr ganzes Vertrauen stürzt in sich zusammen. Und das Leben, das sie mit ihrem Mann aufgebaut hat, verliert sein Fundament. Sie weiß gar nicht mehr, wie sie sich verhalten soll.

Auch da ist es wichtig, bei aller persönlichen Betroffenheit, nüchtern die Situation anzuschauen und zu beurteilen. Da kann das Gespräch mit einer Therapeutin, mit einem Seelsorger oder mit einer Freundin helfen. Denn allein sind wir in so einer Situation oft zu geschockt und durcheinander, um einen kühlen Kopf bewahren zu können.

Die Frau könnte zuerst anschauen, wie es dazu kommen konnte: War die Ehe in letzter Zeit nicht mehr so zufriedenstellend? Oder ist es die typische Krise der Lebensmitte, die ihr Mann jetzt durchlebt? Was wäre jetzt zu tun? Ein ehrliches Gespräch mit dem Mann wäre wichtig. Die Krise ist da. Sie lässt sich nicht wegdiskutieren. Aber die beiden könnten gemeinsam eine Paartherapie machen und überlegen, wie sie die gemeinsame Ehe wieder neu beleben könnten.

In dieser Krise kommt sowohl beim Mann oder auch bei der Frau etwas ans Licht, was bisher verborgen war. Wenn sie das gemeinsam anschauen, dann gibt es auch Wege, miteinander weiterzugehen und die eigene Ehe bewusster und achtsamer zu führen. Wenn die Frau in ihrem ersten Schock sich aber in irrationales Denken hineinsteigert und an allem zweifelt, dann wird sie in der Krise zusammenbrechen und gar nicht mehr wissen, was sie tun soll. Ein kühler Kopf könnte ihr helfen, die Dinge klar zu analysieren und in aller Nüchternheit nach Wegen zu suchen, wie sie auf die Krise antworten kann.

Kleine Schritte setzen

Wenn ich überlege, wie ich auf meine Krise antworte, ist es gut, sich zu bescheiden und kleine Schritte zu überlegen, anstatt sich den Kopf über die Lösung der Weltkrise zu zerbrechen. Kleine Schritte kann ich selbst gehen. Sie bringen mich in Bewegung. Wenn ich nur auf die Krise starre, bleibe ich stehen.

Und ich habe keine Idee, wie ich auf die Krise reagieren könnte. Wenn ich jedoch den ersten kleinen Schritt einmal gemacht habe, kommt in mir etwas in Bewegung. Dann merke ich, dass ich nicht einfach der Krise ausgesetzt bin, sondern aktiv darauf reagieren kann. Beim Gehen werden mir dann auch noch andere Schritte einfallen, die ich machen könnte.

Auf jeden Fall aktiviert das Gehen mein Denken. Und das erzeugt in mir ein gutes Gefühl. In Griechenland haben die Philosophen beim Gehen ihre Gedanken entwickelt. Das ist einmal wörtlich zu nehmen. Wenn ich wandere, kommt auch mein Denken in Bewe-

Übung

Ein Labyrinth gehen

Labyrinthe sind uralte Symbole des Lebensweges. Vielleicht gibt es in deiner Nähe ein Labyrinth – gönne dir die Zeit für einen bewussten Spaziergang darin.

Gehe behutsam, im Schweigen, ohne Hektik, ohne Druck, ankommen zu müssen. Der Weg ist das Ziel. Gehe den Weg des Labyrinthes bewusst als ein Bild für deinen Lebensweg.

Nimm jede Wendung des Weges wahr, jede kurze Wegstrecke, die rasch wechselnden Richtungen, die langatmigen Strecken. Beobachte deine Körperbewegungen und Empfindungen.

Verbinde den Weg mit dem Gefühl, auf der Reise zu dir selbst zu sein, näher in deine eigene Mitte zu kommen.

gung und ich entwickle neue Gedanken. Es ist aber auch als Bild zu verstehen. Wenn ich erstarre, erstarrt auch mein Denken.

Wenn ich aktiv reagiere, wird meine innere Aktivität gestärkt, auch die Aktivität des Denkens. Wenn ich mich in der Krise auf den Weg mache, zeigen sich mir auch Wege aus der Krise heraus.

Der Rat, kleine Schritte zu machen, gilt für jede Krise. Die Verhaltenstherapie beispielsweise versucht, diesen Weg der kleinen Schritte ganz praktisch zu gehen. Kleine Schritte führen nicht automatisch aus der Krise. Aber sie aktivieren zunächst einmal den Menschen.

Eine Mutter erzählte mir von ihrer Hilflosigkeit ihrer dreizehnjährigen Tochter gegenüber, die nicht mehr in die Schule wolle. Immer wenn sie mit ihr vereinbart, es am nächsten Tag wieder zu probieren, bleibt sie dennoch im Bett liegen. Sie sagt, sie hätte nur drei Stunden geschlafen und hätte so starkes Kopfweh, dass sie nicht in die Schule gehen könne. Alle therapeutischen Wege und alles gute Zureden habe bisher nicht gefruchtet.

Auch in dieser Situation sind kleine Schritte hilfreich. Auch mit Kopfweh kann die Tochter versuchen, wenigstens zwei Stunden in die Schule zu gehen. Wenn das Kopfweh stärker wird, kann sie ja wieder nach Hause gehen.

In Gesprächen wurde mir dann langsam klar, was der eigentliche Grund für die Schulverweigerung der Tochter ist. Früher hat ihr eine Freundin in der Schule das Gefühl der Geborgenheit geschenkt. Doch diese Freundin ist nun in einer anderen Schule. Offensichtlich hat die Tochter Angst vor der Ungeborgenheit in der Schule. Natürlich könnte man das alles analysieren, woher das kommt und wie die Tochter in sich selbst Geborgenheit finden könnte. Aber das ist bei der Tochter, die dreizehn Jahre alt ist, nicht sehr hilfreich. Bei ihrem Hund fühlt sie sich dagegen geborgen.

So könnte es eine Hilfe sein, dass ihr Hund die Tochter zur Schule begleitet. Natürlich ist da die Frage, ob die Schule mitmacht. Freunde raten der Frau, sich von der Tochter nicht manipulieren zu lassen, sondern sie einfach zu zwingen, in die Schule zu gehen. Aber das wird auch nicht weiterhelfen. Es braucht kleine Schritte, die die Tochter nicht überfordern.

Kleine Schritte kann man immer tun. Wenn ich sofort den großen Schritt machen möchte, dann ist die Gefahr auch größer, auf die Nase zu fallen. Der erste kleine Schritt wird idealerweise weitere Schritte nach sich ziehen. So kann ich langsam aus der Krise herausgehen.

Beten

Der Rat, in der Krise zu beten, scheint manchen nur eine Vertröstung oder Notlösung zu sein. Wenn einem nichts mehr einfällt, dann könne man beten, meinen sie. Doch für mich ist das Beten keine Verlegenheitslösung. Wenn ich in der Krise bete, dann bleibe ich nicht in der Passivität stecken.

Ich bete nicht, dass Gott alle meine Probleme lösen soll. Ich bespreche vielmehr mit Gott meine Probleme, meine Ängste und meine Sorgen. Ich halte Gott meine Hilflosigkeit und Ohnmacht hin.

Schon dieses Zulassen meiner negativen Gefühle vor Gott verwandelt mich. Ich fühle mich nicht mehr allein. Ich bin auch mit meinen Sorgen und Ängsten von Gott angenommen. So kann ich ihn auch bitten, mir Wege

Übung

Den inneren Raum betreten

Schließe die Augen und folge in der Stille deinem Atem in deinen inneren Raum, zum Grund deiner Seele. Kreuze die Hände vor der Brust. Stelle dir vor, dass du durch diese Geste die Türe zu deinem inneren Raum von innen verschließt.

In diesem heiligen Raum,
in dem Gott in dir wohnt,
bist du ganz du selbst, bist du frei
von allen Ansprüchen und Anforderungen, die andere an dich stellen.

Du bist hier geliebt und angenommen, so wie du bist, und darfst hier neue Kraft schöpfen.

zu zeigen, wie ich aus der Krise herauskommen kann. Das Gebet gibt mir dann Zuversicht. Es stärkt mein Denken. Es nimmt mir nicht die Sorgen weg, aber es stärkt mich, konkrete Wege zu finden.

Es ist auch legitim, Gott darum zu bitten, die Krise vorbeigehen zu lassen und für bessere Zeiten zu sorgen. Allerdings dürfen wir Gott nicht als Zauberer sehen, der alles von allein löst. Wie er wirkt, das wissen wir letztlich nicht.

Gott vermag aber durchaus die Situation zu ändern, indem er seinen Heiligen Geist in die Köpfe der Verantwortlichen sendet, damit sie sinnvolle Lösungen entwickeln. Er kann innere Verwicklungen in den Köpfen der Menschen durch seinen Geist auflösen. Er kann auch in der Gesellschaft, ja in der ganzen Welt etwas in Bewegung bringen.

Aber zunächst bringt das Beten uns in Bewegung. Wir fühlen uns nicht mehr hilflos und ohnmächtig. Wir beginnen, im Gebet Vertrauen zu fassen, dass wir beispielsweise nicht einfach den Intrigen krimineller Spekulanten ausgeliefert sind, sondern dass uns auch in der Krise Gottes Hand hält.

Schon allein das Gefühl, dass nicht die Banken mein Leben bestimmen, sondern Gott, tut meiner Seele gut. Sie fühlt sich freier und lebendiger und kann dann wieder mit Fantasie und Kreativität auf die Krise reagieren.

Im Gebet darf ich Gott meine Wünsche sagen. Es ist legitim, alle konkreten Anliegen Gott vorzutragen. Aber wir dürfen nicht enttäuscht sein, wenn Gott nicht alle unsere Wünsche erfüllt. Jedes Gebet sollte in die Bitte des Vaterunsers münden: »Dein Wille geschehe wie im Himmel also auch auf Erden.«

Diese Bitte hat zwei Bedeutungen. Zum einen soll Gottes Wille auf Erden geschehen – und nicht der Wille der Spekulanten oder der Mächtigen dieser Erde. Gott möge die Verhältnisse auf der Erde mit seinem Geist bestimmen – und nicht der Ungeist der Menschen.

Zum anderen bedeutet diese Bitte, dass wir es Gott überlassen, wie er auf unsere Bitten reagiert. Vielleicht hat Gott ganz andere Wege, auf die Krise zu reagieren. Vielleicht möchte er unsere Probleme nicht schnell lösen. Sonst würden wir nichts dazulernen. Vielleicht nimmt er uns in seine Schule, damit wir lernen, unser Leben neu zu überdenken und neu zu gestalten.

Ganz gleich, wie Gott auf unsere Bitten reagiert, wir dürfen vertrauen, dass unser Gebet nicht wirkungslos bleibt. Schon unser Gebet ist ein aktives Reagieren auf die Krise, es bringt etwas in Bewegung. Zumindest bringt es unser Denken in Bewegung.

Und es schafft um uns herum eine andere Atmosphäre. Die heutige Physik spricht von einer Art Feld, das durch das Denken erzeugt wird. Durch das Beten wird das Feld des Denkens, das uns im Tiefsten alle miteinander verbindet, verändert.

Es eröffnet neue Möglichkeiten des Denkens, nicht nur in uns, sondern auch in den Menschen, für die wir beten. Aber all diese physikalischen und psychologischen Deutungsversuche können das Wirken des Gebetes nicht angemessen zum Ausdruck bringen. Wir dürfen einfach darauf vertrauen, dass Gott unser Gebet erhört, zwar oft anders, als wir uns das wünschen, aber auf jeden Fall so, dass es letztlich für uns gut wird.

Im Beten komme ich in Berührung mit der inneren Quelle des Heiligen Geistes. Aus ihr kann ich Kraft schöpfen, um dann anders auf die Krise zu reagieren.

Beten – so wie es die frühen Mönche verstanden – ist weniger Bitte, dass Gott eingreift, sondern vielmehr ein Weg in den inneren Raum der Stille. Dort wohnt Gott in uns und dort sprudelt die Quelle des Heiligen Geistes. In diesem inneren Raum der Stille finde ich Ruhe und Frieden. Ich komme mit mir selbst in Berührung.

Und wenn ich in der Stille mein wahres Selbst spüre, das nicht von der Beurteilung der Menschen, von meiner Stärke oder Schwäche oder von meiner Gesundheit oder Krankheit abhängig ist, dann verlieren die äußeren Dinge an Macht über mich.

Im Beten bekomme ich neue Hoffnung für mich selbst und für die Menschen, um die ich mich sorge.

Das Gebet würde auch der Mutter der dreizehnjährigen Tochter helfen, die sich weigert, in die Schule zu gehen. Das Gebet löst ihre Probleme nicht. Aber das Gebet gibt ihr neue Hoffnung für die Tochter. Wenn sie im Gebet ihre Tochter segnet, dann wird sie ihr anders begegnen können. Sie wird in ihr nicht nur die schwierige Tochter sehen, die ihre Mutter in Ohnmacht stürzt, sondern auch die gesegnete Tochter, die unter dem Schutz Gottes steht. Und wenn sie Hoffnung für sie hat und an den Segen glaubt, der sie begleitet, dann kann sie anders mit ihr umgehen. Dann kann auch in der Tochter Hoffnung wachsen.

Das Gebet ist kein schneller Trick, der die Krise löst, in die die Tochter die ganze Familie gebracht hat. Aber es verwandelt die Situation und schenkt der Mutter wieder Zuversicht. Sie kann jetzt wieder daran glauben, dass die Tochter mit ihrer eigenen Kraft und ihrem Vertrauen wieder in Berührung kommt und aus dem Teufelskreis der Angst herauskommt.

In der Krise der Lebensmitte möchten viele möglichst schnell wieder die alte Sicherheit und den früheren Zustand erreichen. Sie bitten Gott, dass er sie aus der Krise befreie. Doch der Mystiker Johannes Tauler warnt vor so einem Gebet, denn dann würden wir durch die Krise nicht weiterkommen, sondern in den früheren Zustand zurückkehren. Wir sollten unsere Krise durchaus im Gebet vor Gott halten. Aber wir sollten Gott fragen, was er durch die Krise an uns wirken möchte.

Und für Johannes Tauler ist das Ziel der Krise in der Lebensmitte, dass Gott uns von der

Anhänglichkeit an äußere Sicherheiten befreit und uns in den Seelengrund führt, in dem Gott selbst in uns geboren werden möchte.

Wenn Gott in uns geboren wird, dann kommen wir in Berührung mit dem ursprünglichen und unverfälschten Bild, das Gott sich von uns gemacht hat. Dann lösen sich die Bilder auf, die wir uns selbst übergestülpt haben. Die Menschen, die Gott bitten, das Problem möglichst schnell zu lösen, verweigern den Schritt in den Seelengrund. Und sie verpassen die Gottesgeburt in ihrem Herzen, die sie zu neuen Menschen macht.

Sich Rat holen

Wenn wir durch Nachdenken und Beten allein nicht weiterkommen, ist es hilfreich, sich bei anderen Menschen Rat zu holen. Ich kann beispielsweise mit einem Bankberater über meine finanziellen Verhältnisse sprechen und gemeinsam mit ihm überlegen, wie ich sinnvoll auf die Situation reagieren soll. Oder ich kann mit der Schuldnerberatung einen Plan erstellen, wie ich mit meinen Schulden umgehe.

Oft genügen auch vertraute Freunde, mit denen ich offen über meine Situation sprechen kann. Die Krise betrifft aber nicht nur die Finanzen. Und in jeder Krise ist es gut, sich Rat zu holen.

Die Krise zeichnet sich ja dadurch aus, dass ich zunächst keine Lösung sehe. So kann das Gespräch mit einem anderen mir die Augen öffnen, dass ich doch Wege erkennen kann, die mir helfen. Vor allem aber kann mir das Gespräch mit einem Freund das Gefühl nehmen, ich sei ein Versager.

In der Krise der Lebensmitte ist es gut, über die Verunsicherung zu sprechen, die meine Träume, meine Gefühle oder die körperlichen Reaktionen in mir hervorrufen.

Viele tun sich schwer, über ihre Gefühle zu sprechen. Sie haben bisher von sich das Bild eines erfolgreichen Menschen vermittelt, der immer stark ist, bei dem – auch beruflich – alles gut geht, der in einer vorbildlichen Familie lebt und der ein guter Vater, eine gute Mutter ist. Es braucht Demut, sich von diesem Bild zu verabschieden und einem Freund, einer Freundin, einem Seelsorger oder einer Therapeutin gegenüber die eigene Wahrheit offenzulegen.

Wir dürfen in das Gespräch mit einem anderen nicht in der Haltung gehen, er solle meine Probleme lösen oder er solle mir den entscheidenden Rat geben, der mir weiterhilft. Wenn wir uns so verhalten, bleiben wir in der Passivität und bürden dem anderen die Verantwortung für das Gelingen unseres Lebens auf.

In einem solchen Gespräch geht es immer zunächst darum, unsere Situation, unsere Nöte und unsere Hilflosigkeit zu beschreiben. Der andere soll es anhören und sagen, was es in ihm auslöst. Ich kann ihn fragen, was er dazu meint oder wie ich damit umgehen soll. Aber der Gesprächspartner wird mir nicht gleich Lösungen vorschlagen. Er wird die Frage an mich zurückgeben: »Was glaubst du, was dir weiterhilft? Wie hast du bisher auf Probleme reagiert? Welche Quellen stehen dir zur Verfügung, um auf die Krise zu antworten?«

Wenn ich dann diese Fragen des anderen ernst nehme und in mich hineinhorche, werde ich selbst oft etwas entdecken, was mir weiterhilft. Ich kann dann den anderen immer noch fragen, was er dazu meint. Am Ende des Gesprächs kann dann auch ein Rat des anderen stehen. Aber ich bin für mich verantwortlich. Wenn der Rat mir einleuchtet oder wenn er mir stimmig erscheint, dann soll ich ihn befolgen. Dann folge ich aber meiner eigenen Einsicht. Der andere hat mir dann die Augen geöffnet: Durch seinen Rat habe ich in mir selbst Wege entdeckt, die ich gehen kann.

Auf keinen Fall darf ich mich vom Rat des anderen abhängig machen. Manche bleiben in so einem Gespräch in der Passivität. Sie befolgen den Rat des anderen aber oft nur halbherzig. Dann haben sie einen Grund, die Schuld dem anderen zuzuschieben, wenn sie wiederum scheitern: Der andere habe ihnen einen schlechten Rat erteilt. Er sei schuld, dass sich nichts ändere.

Die Chancen entdecken

Jede Krise birgt eine Chance in sich. Doch wenn wir in der Krise stecken, sehen wir die Chancen oft nicht. Wir sind blind für die neuen Möglichkeiten, die sich aus der Krise ergeben.

In jeder Krise steckt die Chance, dass ich mein Leben neu ordne, dass ich neue Maßstäbe für mein Leben entwickle und dass ich authentischer werde. Jede Krise zerbricht Illusionen, die ich mir von mir und meinem Leben gemacht habe. Das Zerbrechen dieser Illusionen ist die Chance, dass ich für mein wahres Selbst und für eine andere Sicht meines Lebens aufgebrochen werde.

Eine Frau geriet in eine existenzielle Krise, als sich ihr Mann von ihr trennte. Doch ein Jahr nach dieser Krise kann sie von sich sagen, dass sie wirklich neu aufgebrochen ist und dass sie jetzt ihre eigene Kraft spürt. Sie fühlt sich frei, nun das zu verwirklichen, was sie von Kindheit an geträumt hat.

Sie hat ein Studium angefangen und möchte den Menschen helfen, ihren Weg zu finden. Sie blüht auf. Zunächst hatte das Verlassen des Mannes ihr jedes Selbstwertgefühl geraubt. Sie hatte den Eindruck, sie sei eine Versagerin. Sie sei es nicht wert, dass der Mann bei ihr bleibe. Mit ihr könne es keiner aushalten. Sie zerfleischte sich selbst mit Vorwürfen und Selbstentwertungen. Doch dann kam sie in Berührung mit ihrem ursprünglichen Lebenstraum und mit der Kraft, die unterhalb ihrer Verletzung in ihr ruhte.

In der Krise unmittelbar nach dem Verlassenwerden konnte diese Frau die Chance nicht entdecken, die in der Veränderung steckt. Da war sie so in ihrer Trauer und im Schmerz ge-

Übung

In der Stille
zur inneren Quelle finden

Wenn du dich erschöpft fühlst, schließe die Augen und folge in der Stille deinem Atem in deinen inneren Raum, zum Grund deiner Seele. Hier strömt für dich eine enerschöpfliche Quelle der Liebe und der Energie.

Stelle dir vor, wie du bei jedem Atemzug beim Ausatmen ein Stück der Geröllschicht beiseite räumst, die über deiner inneren Quelle liegt, so dass du wieder aus ihr schöpfen und neue Kraft tanken kannst.

fangen, dass sie blind war für die neuen Möglichkeiten, die in ihr ruhten.

Wenn jemand einen Menschen in dieser ersten Phase des Schmerzes begleitet, kann er zwar auch von der Chance sprechen, die in der jeweiligen Krise liegt. Aber er wird damit kaum das Herz des anderen erreichen. In dieser Phase ist es wichtiger, den Schmerz anzuschauen und die Bewertungen, die mit dem Schmerz verbunden sind.

Wenn Selbstentwertungen einmal formuliert werden, können sie auch aufgelöst werden. Und dann kann man behutsam auf die Chance hinweisen, die in der jetzigen Situation liegt. Auch wenn jemand die Chance noch nicht sieht, kann der Hinweis auf sie doch Hoffnung schenken. Und die Hoffnung gibt Kraft, aufrecht durch die Krise zu gehen.

Das Ausschauhalten nach der Chance, die in der Krise liegt, löst die Krise noch nicht auf. Aber sie weitet unseren Blick. Wir sind nicht mehr nur auf die Krise, auf den Schmerz, auf die Orientierungslosigkeit, auf die Erschütterung durch die Krise fixiert. Wir fliehen nicht vor der Krise.

Die Hoffnung, dass in dieser Krise eine Chance liegt, auch wenn wir sie noch nicht erkennen können, ermutigt uns, durch die Krise hindurchzugehen. Sie gibt uns Kraft, uns den Problemen zu stellen.

Und irgendwann werden wir dann die Chance entdecken, die sich uns auftut. Die Chance liegt nicht unbedingt darin, dass alles besser wird, sondern eher darin, dass wir authentischer werden, dass wir der Wahrheit unseres Lebens ins Auge sehen und dass wir unserem Wesen gerecht werden.

Vielleicht wird das Leben nach der Krise bescheidener werden. Aber wenn wir mit unserem wahren Selbst in Einklang kommen, wird es auf jeden Fall ehrlicher und wahrhaftiger, klarer und echter.

Kraft in der Krise – der Heilige Geist

In der geistlichen Tradition des Christentums ist es der Heilige Geist, der den Verzagten Mut macht, der den Schwachen Kraft gibt und der denen, die schwarzsehen, Hoffnung schenkt. So möchte ich gerade im Blick auf die Krisen unseres Lebens das Geheimnis des Heiligen Geistes meditieren.

Ich habe dabei nicht den Ehrgeiz, eine Theologie des Heiligen Geistes zu entfalten. Vielmehr geht es mir um den Heiligen Geist als die Kraft, die Gott uns schenkt, um das Leben zu bewältigen und um unverzagt durch alle Krisen und Konflikte unseres Lebens zu gehen.

Der Heilige Geist ist die Quelle, aus der wir schöpfen. Und er ist die Kraft, die uns stärkt und uns ermutigt, unseren Weg zu gehen. Im Heiligen Geist erkennen wir den Vater und den Sohn. Im Heiligen Geist wird aus dem Jesus der Geschichte unser persönlicher Herr, der unser Leben bestimmt und es von innen her leitet.

Das Nachsinnen über den Heiligen Geist wird uns mit der Quelle unbegrenzter Kraft in Berührung bringen, die in uns sprudelt. Sie wird uns stärken, uns der Krise zu stellen und durch sie aufrecht hindurchzugehen.

Die Bibel verwendet viele Bilder, um das Geheimnis des Heiligen Geistes zu erklären. Da ist im Johannesevangelium vor allem das Bild der Quelle, aus der wir schöpfen. Der Heilige Geist ist eine Quelle, die nie versiegt, weil sie göttlich ist. Diese Quelle erfrischt uns.

Sie gibt uns neue Ideen ein. Und sie stärkt uns auf unserem Weg. Wenn wir aus dieser Quelle schöpfen, sind wir nicht so leicht erschöpft. Und wir geben uns selbst nicht auf. Wir müssen nicht alles selbst tun. Wir schöpfen aus einer Quelle von Vertrauen, Liebe und Fantasie.

Die Quelle ist nach dem Johannesevangelium immer auch eine heilende Quelle, die unsere Wunden heilt. Jeder von uns hat eine Quelle von selbstheilenden Kräften in sich. Sie wird durch den Heiligen Geist gespeist, der zugleich der heilende Geist ist. Und diese Quelle reinigt unsere Augen. Oft geraten wir in eine Krise, weil sich unsere Augen getrübt haben, weil wir die Realität nicht so sehen möchten, wie sie ist.

Die spirituelle Tradition hat den Heiligen Geist in wunderbaren Hymnen besungen. Am bekanntesten ist der Hymnus, den der Benediktiner Hrabanus Maurus im 9. Jahrhundert verfasst hat: »Veni creator spiritus« – »Komm, Schöpfer Geist«. Ähnlich beliebt ist der Hymnus, der als Pfingstsequenz gesungen wird: »Veni sancte spiritus« – »Komm Heiliger Geist«.

Beide Hymnen beschreiben in wunderbaren Bildern das Wirken des Heiligen Geistes. Der Heilige Geist ist Glut, Feuer und Liebe. Er ist Erfrischung, Heilung und Trost. Wenn wir die Bilder dieser beiden Hymnen meditieren, kommen wir nie an ein Ende. Aber wir haben teil an der Faszination, die der Heilige Geist auf diese großen Theologen und Dichter ausübte.

Zunächst scheint die Pfingstsequenz keine Antwort auf die Krise unserer Zeit und auf die vielen persönlichen Krisen zu sein. Doch in der Vergangenheit haben die Christen immer dann zur Pfingstsequenz »Veni sancte spiritus« oder zum Pfingsthymnus »Veni creator spiritus« gegriffen, wenn sie nicht weiterwussten. Diese Texte waren ihnen Hilfe, wenn sie sich von den äußeren oder inneren Umständen überfordert fühlten und keinen Ausweg aus ihrer Krise wussten.

Auch wenn die Meditation der Pfingstsequenz oder des Pfingsthymnus keine Handlungsanweisung für den Umgang mit Krisen ist, so haben die Christen früherer Zeiten doch in der Meditation dieser Texte eine Hilfe und Ermutigung erfahren, sich den Herausforderungen des Lebens zu stellen.

Die Pfingstsequenz »Veni, sancte spiritus« wurde von Stephan Langton um das Jahr 1200 verfasst. Stephan Langton wurde 1150 aus englischem Adelsgeschlecht geboren. Er war lange Zeit Professor der Theologie in Paris und seit 1207 Erzbischof von Canterbury. Er starb 1228. Die Melodie ist wohl auch um das Jahr 1200 entstanden. Sie ist eine der bedeutendsten Melodien aus der Spätzeit des Gregorianischen Chorals. In der Meditation dieses wunderbaren Textes möchte ich mich an die Gedanken halten, die Alfred Delp im Jahre 1944 im Gefängnis von Berlin-Tegel geschrieben hat. Und ich möchte versuchen, seine Auslegungen auch auf unsere Zeit hin zu aktualisieren.

Alfred Delp war am Morgen des 28. Juli 1944 unmittelbar nach der Feier der Heiligen Messe in München-Bogenhausen verhaftet worden. Nach dem Attentat auf Hitler war man im Zusammenhang mit dem Kreisauer Kreis, in dem Alfred Delp – im Einverständnis mit dem Jesuitenorden, dessen Mitglied er war – mitarbeitete, auch auf seinen Namen gestoßen.

Zunächst war Delp in der Zentrale der Gestapo in München in Haft. Am 7. August wurde er nach Berlin überstellt. Dort blieb er im Gefängnis, zunächst in der Lehrterstraße, dann in Berlin-Tegel und schließlich in Plötzensee, wo er am 2. Februar 1945 hingerichtet wurde.

Als politischer Häftling war Alfred Delp besonderen Haftverschärfungen ausgesetzt. Tag und Nacht musste er Handschellen tragen. Mit gefesselten Händen verfasste er in heimlichen Schreiben, die er durch einen Gefängniswärter nach außen schmuggeln lassen konnte, Briefe an Freunde und spirituelle Betrachtungen zu den Festen des Kirchenjahres.

Das Pfingstfest hat Alfred Delp im Gefängnis nicht erlebt. Die Betrachtung zur Pfingstsequenz schrieb er zum einen, weil sie das Lieblingsgebet der kleinen Gemeinschaft in Bogenhausen war, in der er zuletzt lebte. Zum anderen schrieb er diese Betrachtung, um selbst Kraft daraus zu schöpfen in den so bedrängenden Wochen des Gefängnisses und der ständigen Ungewissheit.

Diese Meditation wurde für ihn eine Quelle der Ermutigung in einer existenziellen Krise, in die er durch die Verhaftung und Verurteilung gestellt war.

Seine Auslegung der Pfingstsequenz hat Alfred Delp in einer politisch und persönlich hochbrisanten Situation geschrieben. Er hatte sich im Kreisauer Kreis engagiert, einer Widerstandsgruppe gegen den Nationalsozialismus. Er hatte sich in die Politik eingemischt. Er hat mit den Gesinnungsgenossen im Kreisauer Kreis – Adligen, Politikern und Offizieren – an einer neuen politischen Ordnung gearbeitet, die nach dem Zusammenbruch des Dritten Reiches für Deutschland zum Segen werden sollte. Im Gefängnis musste er nun damit rechnen, dass er von den Nazis hingerichtet würde.

Alfred Delp spürte den Ungeist seiner Zeit, der ein ganzes Volk erfasst hatte und zum Fluch für die ganze Welt wurde. In dieser Situation setzt er seine Hoffnung auf den Heiligen Geist, der den Ungeist vertreiben und die Welt mit heiligem und heilendem Geist erfüllen kann.

Seine Meditation über die Pfingstsequenz ist deshalb gerade auch in unserer Zeit höchst aktuell. Wir versuchen ja auch, eine Ordnung jenseits der bisherigen kapitalistischen Ordnung des Neoliberalismus zu entwerfen. Wir wollen die Wirtschaft auf Dauer menschlicher machen, damit sie zum Segen für die Menschen und die Welt werden kann.

Mögen die Gedanken von Alfred Delp, die er mit seinem eigenen Leben besiegelte, auch uns heute stärken. Für ihn waren diese Gedanken eine Hilfe, sich selbst nicht aufzugeben. Im Gefängnis schwankte Delp zwischen Hoffnung und Mutlosigkeit.

Die Meditation der Pfingstsequenz stärkte seine Hoffnung. Sie führten ihn mitten in einer unmenschlichen Welt in eine andere Welt. Dies war keine Flucht aus dem Gefängnis in eine fromme Scheinwelt, sondern ein Eintauchen in die Welt des Heiligen Geistes, um die grausame Welt des Gefängnisses und der unmenschlichen und ungerechten Verhöre bestehen zu können.

Veni sancte spiritus – Komm, heiliger Geist

Die eigentliche Bitte um den Heiligen Geist ist die, dass er kommen möge. Zwar glauben wir, dass der Geist Gottes immer in uns ist. Aber da wir selbst nicht bei uns sind, müssen wir bitten, dass der Geist kommen möge und dass wir so seine Ankunft erfahren dürfen.

Der Heilige Geist ist immer in Bewegung. Auch wenn er schon in uns ist, so will er doch immer mehr zu uns kommen, uns mit seiner Liebe, mit seiner verwandelnden und antreibenden Kraft durchdringen. Da das lateinische Wort »spiritus« sowohl Geist wie auch Wind und Atem bedeutet, entspricht ihm das Wort »Veni« – »Komm« noch mehr. Der Geist als Wind ist immer in Bewegung, immer der Kommende, der Rauschende, der Wehende.

Die Bitte um das Kommen des Heiligen Geistes ist zugleich die Bitte, dass wir selbst immer in Bewegung bleiben, dass wir nicht in unserer Frömmigkeit erstarren, sondern als lebendige Zeugen für Gottes heilendes und befreiendes Wirken in dieser Welt bestehen können.

In Situationen, in denen wir nicht mehr weiterwissen, ist es gut, den Heiligen Geist zu bitten, dass er kommen möge, um uns mit seiner Kraft zu erfüllen.

Et emitte caelitus – Und sende vom Himmel her

Gottes Geist möge uns vom Himmel her seine Kraft und seinen Beistand senden. Die eigentliche Hilfe kommt nicht aus unserer Kraft, sondern vom Himmel her. Alfred Delp meint, als Gefangener lebe er gerade den Beweis für diese Wahrheit, dass das wahre Leben von Gott her kommt und nicht aus uns selbst: »Alles, was ich an Sicherheit und Klugheit und Schläue mitbrachte, ist unter der Wucht und Härte der Widrigkeiten zersplittert. Dios solo basta. Diese Monate haben mir viel zerschlagen, dem Urteil nach zuletzt die ganze physische Existenz. Und doch sind so viele Wunder geschehen. Gott hat diese Sache ganz in seine eigene Regie genommen. Und ich habe das Rufen gelernt und das Warten auf die Botschaft und Kraft der ewigen Berge« (264).

Als Delp im Gestapogefängnis gefoltert wurde, konnte er es kaum aushalten. Die Erfahrung, dass er sich nicht auf seine eigene Widerstandskraft zu verlassen braucht, sondern dass da eine andere Kraft in ihm ist, hat ihn durchhalten lassen.

In einer Krise fühlen wir uns oft genug überfordert. Wir haben keine Hoffnung, je diese Krise zu überwinden. Da sollten wir wie Alfred Delp unsere Hoffnung auf die Hilfe vom Himmel her setzen. Dann können wir frei gegenüber den inneren und äußeren Gefängnissen werden, in denen wir sitzen.

Dann weitet sich unser Blick und wir ahnen, dass wir mitten in der Enge und Dunkelheit unseres Lebens in der Hand dessen sind, der jenseits aller Enge im Himmel wohnt und vom Himmel her auf uns herabschaut und uns emporzieht.

Lucis tuae radium – Deines Lichtes Strahl

Der Heilige Geist ist Licht. Er will Licht in unsere Dunkelheit bringen. Der Mensch, so meint Alfred Delp, ist von Gott als helles, lichtes Wesen geschaffen worden. Aber wir haben uns dann selbst geblendet. Wir haben das Licht in uns durch Sünde und Schuld verdunkelt: »Der Mensch ist nie kränker, als wenn er sich in Verwirrung und Verirrung verstrickt weiß. Das ist der erste Sinn dieses

Flehrufes: dass das Licht Gottes die kreatürliche Düsterkeit und die schuldhafte Finsternis überwinde, uns die Träume und die Furcht aus den Augen wische und uns wieder sehend mache« (265).

In uns steckt eine tiefe Sehnsucht nach Licht. Oft genug haben wir den Eindruck, hier auf dieser Erde im Dunkeln zu tappen. Wir blicken nicht durch. Wir verstehen nicht, was all diese Schicksalsschläge bedeuten sollen. Wir erkennen nicht, warum wir in die Krise geraten sind.

Wir sehnen uns nach dem Licht der Erkenntnis, damit wir klar sehen, wie unsere Situation ist und wie wir aus der Enge herausfinden. Und wir sehnen uns nach dem milden Licht der göttlichen Liebe, in dem wir alles, was in uns ist, mit einem milden Blick anschauen und bejahen können und in dem wir aufhören, uns selbst zu verurteilen.

Veni pater pauperum –
Komm, Vater der Armen

»Dreimal stimmt die Kreatur jetzt das Veni an, durch das sie ihre Einsamkeit durchbricht und ihre Not in die heilende Nähe Gottes ruft« (265). Wir sind wesentlich die Armen, die Bedürftigen. Wir haben an uns selbst nicht genug. Das deutsche Wort »arm« bedeutet ursprünglich »verwaist«. Es beschreibt den vereinsamten, bemitleidenswerten und unglücklichen Menschen, der niemanden hat, der ihm beisteht.

Wir sind leer, wir brauchen den »Vater«, der unsere leeren Hände füllt. Wir brauchen den Vater, der uns das Rückgrat stärkt und der uns den Rücken frei hält, den Vater, an den wir uns anlehnen können und in dessen Nähe wir die eigene Kraft erfahren. Alfred Delp hat im Gefängnis Gottes väterliche Liebe erfahren:

»Dem Menschen, der seine Bedürftigkeit anerkennt, der die Eitelkeit, die Anmaßung, die Sicherheit, die Überhebung, den Bettlerstolz von sich tut und sich Gott in seiner nackten Ungeborgenheit und Unversorgtheit vorstellt, dem geschehen Wunder der Liebe und Erbarmung. Von der Tröstung des Herzens und der Erleuchtung des Geistes bis zur Stillung von Hunger und Durst« (266).

Veni dator munerum –
Komm, du Geber der Gaben

In diesem Vers wird der Heilige Geist als »Geber der Gaben« bezeichnet. Er ist selbst die größte Gabe, die Gott uns schenkt. Alfred Delp meint: »Dort, wo wir selbst krank und müde seien, sollten wir den Spender aller Gaben rufen.«

Die größte Gabe, die uns der Heilige Geist schenkt, ist, dass er uns zu Ebenbildern des Sohnes macht. Er formt in uns das einmalige Bild, zu dem Gott uns gemacht hat. Er bringt uns in Berührung mit der unverfälschten Gestalt, zu der Gott uns formen möchte.

Für Delp ist der Heilige Geist aber auch Spender der sieben Gaben des Heiligen Geistes. Mit den sieben Gaben ist »ja nichts anderes gemeint, als die Ausrüstung des Menschen mit neuen Fähigkeiten und Lebenstüchtigkeiten. Das übernatürliche Leben in uns ist echtes Leben, also differenziert. Je mehr Sinne in einem Menschen wach und aufnahmefähig sind, desto mehr lebt er. Je mehr Fähigkeiten der Gestaltung er einsetzen kann, desto mehr lebt er. Dies alles wächst und wird tüchtiger und kundiger, wenn geistige Organe wachsen unter dem schöpferischen Segen des dator munerum« (267).

Damit wir gut durch die Schwierigkeiten unseres Lebens kommen, brauchen wir den Heiligen Geist, der uns seine Gaben schenkt und die Gaben, die wir von Kindheit an in uns tragen, mit seiner göttlichen Kraft erfüllt und stärkt.

Veni lumen cordium – Komm, du Licht der Herzen

Auch hier wird der Heilige Geist als Licht gesehen. Er soll unser Herz erleuchten. Für Alfred Delp geht es in dieser Bitte darum, dass unser Leben »an seinen Quellen und Wurzeln« geheilt wird. »Die Verwirrung des Herzens ist die tiefste Verwirrung, die den Menschen überfallen kann. Ein Mensch ist so viel Mensch, als er Herz einzusetzen hat und einsetzt. Das heißt, als er liebt. Damit ist ein

Schlüssel zum Menschenleben und zur Menschengeschichte gefunden, der viele Rätsel aufschließt.« (268)

Der Heilige Geist möge kommen, so beten wir hier, um uns unser Herz zu erhellen. Er möge alle Abgründe unseres Herzens durchleuchten, damit er mit seinem heilenden und erhellenden Licht alles in uns berühren und verwandeln kann.

Der Geist soll in unserem Herzen – in der Herzmitte unseres Daseins – wohnen und er soll uns das richtige Gespür schenken, damit wir von unserem Herzen aus erspüren, was für uns stimmt und was nicht. Delp schreibt: »Wenn unser Herz richtig schlägt, ist alles in Ordnung. Der Geist Gottes erbarme sich dieses armen, törichten, hungernden und frierenden, einsamen und verlassenen Herzens und erfülle es mit der wärmenden Sicherheit seiner Gegenwart.« (269)

Wenn unser Herz vom Licht der Liebe erfüllt wird, können wir vertrauensvoll durch die Dunkelheit gehen, in die uns das Leben oft genug hineinführt.

Consolator optime – Du bester Tröster

Trösten besteht für Alfred Delp »nicht im billigen Wegreden der trostlosen Lage. Sondern ... im Schaffen neuer Zustände, über die der Geist wieder sich freuen kann, zufrieden sein kann« (269).

Das lateinische Wort »Con-solator« meint eigentlich, mit dem Einsamen sein, in seine Einsamkeit hineingehen, mit ihm seine einsamen Wege gehen und bei ihm in seiner Not und in seiner Verschlossenheit bleiben. Das deutsche Wort Trost kommt von Treue und meint die Standfestigkeit. Wer trostlos ist, hat keinen Stand. Er braucht jemanden, der bei ihm steht und der ihm beisteht. Er braucht den Beistand, den Christus uns verheißen hat: den Heiligen Geist. Dieser Paraklete, dieser Herbeigerufene spricht zu uns dann Worte, die uns aufrichten und uns neue Wege eröffnen.

So ist der Heilige Geist als der Beistand der beste Tröster, den wir bekommen können. Er tritt in unsere Einsamkeit ein, er geht mit uns und steht uns bei. Er spricht nicht nur tröstende Worte zu uns, sondern er steht uns bei und schenkt uns so einen neuen Stand und ein neues Stehvermögen. So fallen wir nicht um, wenn uns ein Schicksalsschlag trifft. Wir bleiben stehen, weil der Geist Gottes uns beisteht.

Dulcis hospes animae – Süßer Freund der Seele

Alfred Delp übersetzt »hospes« nicht mit Gast, sondern mit Freund. Und er bedauert, dass wir zu dem Wort »süß« keine rechte Beziehung mehr haben. Es ist »dem Erlebnisfeld der menschlichen Liebe entnommen. Das Traurige ist nur, dass wir heute weder aus dem Erlebnis der Liebe noch aus der Wirklichkeit der Religiosität eine echte Beziehung zu den Worten haben, die eine innere Beseligung meinen, von unerhörter Intimität. Wir sind als Anbetende sowohl wie als Liebende verkümmert« (271).

Der Heilige Geist ist der süße, der angenehme Freund der Seele. Er wohnt in uns, wie der Geliebte oder die Geliebte in uns wohnen. Vor allem in der Frauenmystik wurde Jesus als Bräutigam angesehen und beschrieben. Der

Heilige Geist wurde dagegen eher als weiblich verstanden, etwa wie in dem berühmten Fresko von Urschalling in der Nähe des Chiemsees.

Der Heilige Geist ist wesentlich Beziehung und Liebe. Wenn er in uns wohnt, dann ist Gottes Liebe in uns. Wenn er wirkt, dann strömt die Liebe zwischen Vater und Sohn auch in uns und nimmt uns in den liebenden Austausch des dreifaltigen Gottes hinein.

Der süße Gast unserer Seele ermöglicht es uns, dass wir gerne bei uns sind und unseren Leib und unsere Seele bewohnen. Wir fühlen uns in unserer Seele nicht allein, sondern besucht vom süßen Freund der Seele.

Dulce refrigerium – Süße Erfrischung

Das lateinische Wort »refrigerium« bedeutet Kühlung, Linderung, Labsal und Trost. Der Heilige Geist bietet als Freund einen Raum an, in dem man aufatmen kann, in dem sich die Hitze der Leidenschaft abkühlt und Verletzungen Linderung erfahren.

Für Alfred Delp meint diese Anrufung des Heiligen Geistes, »dass die geistige Stärkung und Erhebung und Beseligung, die mit dem dulce gemeint ist, sich wirklich wie Temperatur im Raum verbreitet und das Klima plötzlich voller Zuversicht und Menschenfreundlichkeit ist« (271).

Der Heilige Geist ist wie eine Quelle, deren frisches Wasser den müden Wanderer erquickt und belebt. Der Heilige Geist sagt uns, dass in uns selbst diese Quelle ist, die uns immer wieder erfrischt, belebt und erneuert. Wenn wir aus dieser inneren Quelle trinken, schöpfen wir die Kraft, um schwierige Situationen in unserem Leben zu bestehen.

In labore requies – In der Mühsal bist du die Ruhe

In der vierten Strophe nennt uns die Sequenz drei Grundnöte des Menschen. Die erste ist die Mühe, die Ermüdung, die Plage des Alltags. Für Alfred Delp ist mit »labor« gemeint »der gehetzte, gejagte Mensch der totalen Dienstverpflichtung und der totalen Sorge und der totalen Ruhelosigkeit. Pflicht und Not und Gefahr lassen den Menschen keine Minute aus ihrem zwingenden Bann. Und dann kommt erst noch die persönliche Mühsal, die Not des Herzens, die Sorge um die lieben Menschen dazu. Das ist unser Leben geworden: in labore: die Mühsal und Unstetigkeit und Ungeborgenheit« (272).

Was Alfred Delp im Jahre 1944 als Not des Menschen beschrieben hat, hat sich heute verstärkt. Ruhelosigkeit, Hektik, Gehetztsein, Ausgebranntsein – das sind die Grundnöte unserer Zeit.

Der Mensch fühlt sich gestresst. Er kommt nicht zur Ruhe. Selbst wenn er einmal nichts zu tun hat, flieht er aus Angst vor der eigenen Wahrheit in tausend Beschäftigungen.

Die innere Unruhe ist oft ein Zeichen dafür, dass jemand in die Krise geraten ist. Nichts hilft ihm dann, diese Unruhe zu überwinden. Auch die äußere Ruhe verschafft ihm keine innere Ruhe. Die wirkliche Ruhe kommt von innen, von der inneren Quelle des Heiligen Geistes, die in uns sprudelt: »In uns selbst strömen die Quellen des Heiles und der Heilung. Gott ist als ein Brunnen in uns, zu dem wir zu Gast und Einkehr geladen sind. Diese inneren Quellen müssen wir finden und immer wieder strömen lassen in das Land unseres Lebens. Dann wird keine Wüste.« (273)

In aestu temperies – Du milderst die Glut

Die Glut beschreibt die zweite Grundnot des Menschen: die Bedrängnis durch die eigenen Leidenschaften, durch den inneren Vulkan, der jeden Moment auszubrechen droht, das Feuer der Gier, das alles in uns verbrennen kann.

Es meint aber auch die äußere Bedrängnis, die manchmal wie ein Feuersturm erscheint. Die zweite Grundnot des Menschen ist nach

Alfred Delp, »dass er sich immer wieder das Herz verbrennt und die Hände und die Flügel seines Geistes und sich immer wieder eingefangen weiß von den wilden Ausbrüchen des Daseins« (275).

Der Heilige Geist wird hier als der beschrieben, der uns das rechte Maß schenkt, der die Glut lindert und abmildert. Die Grundbedeutung des lateinischen Wortes »temperare« ist, zwei Dinge richtig miteinander vermischen.

Der Heilige Geist stellt in uns eine gesunde Spannung her zwischen Geist und Trieb, zwischen Feuer und Kühlung. Er setzt unsere Leidenschaft auf das rechte Maß. »Nur die des Heiligen Geistes voll sind, werden in diesen Zeiten der brennenden Bedrängnis noch ein Wort zu sagen und ein Werk zu wagen haben. Die Gabe der Kunst der Maße, des echten Überblickes, der gestrafften Zügel und wiederhergestellten Dämme und die Gabe des starken Mutes zur Beständigkeit und Beharrlichkeit gehören zusammen. Diese Kreatur der heutigen Not muss den Geist rufen oder sie wird verbrennen.« (276)

Manche erleben ihre Lebenskrise wie ein Feuer, das das bisherige Lebensgebäude den verzehrenden Flammen ausliefert. Andere werden vom Feuer ihrer Leidenschaften in die Krise geworfen. Sie kennen sich dann mit sich selbst nicht mehr aus. Auf einmal entbrennt in einem sonst eher schüchternen und vorsichtigen Menschen eine Leidenschaft von Wut oder sexueller Gier, die ihn buchstäblich ins Feuer wirft. In solchen Situationen bitten wir den Heiligen Geist, dass er unsere innere Hitze kühlen möge.

In fletu solatium –
Im Weinen bist du Trost

»Die dritte Grundnot der armen Kreatur: dass sie immer wieder das große Weinen stößt, der große Kummer sie überkommt, den einzelnen und ganze Geschlechter.« (276) Heute ist die äußere Not längst nicht so groß wie zur Zeit, als Alfred Delp im Gefängnis saß. Aber das »in fletu« – »im Weinen« – drückt dennoch treffend das heutige Daseinsgefühl aus. Eine diffuse Depressivität prägt die Stimmungslage der heutigen Gesellschaft. Man jammert und badet sich im eigenen Selbstmitleid.

Aber es gibt auch das echte Leid, das Weinen um den Verlust eines lieben Menschen, das Weinen über das eigene Versagen und über das Zerbrechen aller Lebensentwürfe.

In unserem Leid ist der Heilige Geist Tröster und Trost. Er ist keine billige Vertröstung, sondern einer, der in unserer Not mit uns ist, der es im Haus unserer Angst und unseres Weinens aushält und der das Weinen in Tanzen verwandelt.

Alfred Delp hat diesen Tröstergeist selbst erfahren, als er es im Berliner Gefängnis vor Schmerzen fast nicht mehr ausgehalten hätte:

»Wenn ich an die Nacht in der Lehrterstraße denke, in der ich Gott um den Tod gebeten habe, weil ich diese Ohnmacht nicht mehr ertragen konnte, dieser Wucht und Wut mich nicht mehr gewachsen fühlte. Wie ich die ganze Nacht mit dem Herrgott gerungen und einfach meine Not ihm hingeweint habe. Und erst gegen Morgen strömte die große Ruhe in mich ein, eine beglückende Empfindung von

Wärme und Licht und Kraft zugleich, begleitet von der Erkenntnis: du musst es durchstehen – und gesegnet durch die Zuversicht: du wirst es durchstehen. In fletu solatium. Das ist der Tröster-Geist, das sind die schöpferischen Dialoge, die er mit dem Menschen führt, die geheimen Weihen, die er erteilt und kraft derer man leben und bestehen kann« (277f).

Delp hat den Heiligen Geist in seinem Inneren erfahren als den, der mit ihm einen inneren Dialog führt. Wir kennen in uns oft Gedanken, uns selbst aufzugeben und unserem Leben ein Ende zu bereiten, weil wir es nicht mehr aushalten. Da brauchen wir den Heiligen Geist als inneren Dialogpartner, der mit diesen zerstörerischen Gedanken spricht und sie entmachtet und auflöst, der uns so mitten in der aussichtslosen Situation Trost und Hoffnung verleiht.

O lux beatissima –
O du glückseliges Licht

Zum dritten Mal nennt die Sequenz den Heiligen Geist ein Licht, sie nennt ihn nun das glückselige Licht. Um die Erfahrung des Heiligen Geistes als Licht zu erklären, bezieht sich Alfred Delp auf Erlebnisse, die er in seinem Urlaub im Sommer gemacht hat:

»Es gibt Tage im Sommer, in denen das Licht uns als spürbarer Segen umgibt. Etwa auf einer Waldwiese oder mitten in einem reifenden Kornfeld oder auf einem See. Das Empfinden des Menschen öffnet und weitet sich, er weiß sich eins mit der Kreatur um ihn herum und erfährt eine beglückende Ahnung von den reifenden und heilenden und segnenden Kräften, die im Kosmos geborgen sind« (278).

Für mich ist die Sonne ein wichtiges Bild, um den Heiligen Geist spürbar zu erfahren. Wenn ich mich in die Sonne setze – nicht in die pralle, sondern in die angenehm wärmende Sonne –, dann stelle ich mir vor, wie die Sonnenstrahlen meinen ganzen Leib durchdringen.

So kann ich erahnen, wie Gottes Liebe im Heiligen Geist durch die Haut eindringt in alle Kammern meines Leibes und meiner Seele – und gerade auch in die Bereiche, die ich vor mir selbst verschlossen habe, weil ich da lieber nicht hinschauen möchte.

Wenn ich das zulasse, dann fühle ich mich ganz und gar geliebt, durchliebt, von Gottes Liebe umhüllt und durchdrungen. Das ist für mich die tiefste und zugleich beglückendste Erfahrung des Heiligen Geistes.

Aus so einer Erfahrung heraus gehe ich anders in meinen Alltag und kann mit meinen Problemen anders umgehen.

Reple cordis intima – Erfülle das Innere des Herzens

Der Heilige Geist soll das Innerste meines Herzens erfüllen. Gottes Liebe soll im Heiligen Geist bis auf den Grund meines Herzens dringen, dass ich mich ganz und gar geliebt weiß.

Für Alfred Delp drückt diese Bitte aus, dass es »um ein Leben der Intimität mit Gott« geht: »Es geht um die gesteigerte Verwirklichung der personalen Beziehung, als die allein Religiosität etwas taugt. Wie eine Freundschaft, eine Liebe eben als Liebe, im liebenden

Austausch und Dialog durch alle Seinsschichten sich vollzieht und so immer mehr wird, so gilt es hier auch. Nur dass der schöpferische Partner hier der Geist Gottes allein ist, um dessen segnendes Kommen wir bitten« (279).

Der Heilige Geist ist wesentlich Liebe, Beziehung, Intimität, Vertrautsein, In-Eins-Sein und Austausch. An den Heiligen Geist glauben heißt, um die Liebe Gottes zu wissen, die bis in das Innerste meines Herzens vordringt, um alles in mir zu heilen und mit Liebe zu erfüllen. Der Heilige Geist steht für die personale Liebe zwischen Gott und mir. Aber er steht auch für eine Liebe, die aus mir herausstrahlen möchte.

Es gibt Menschen, von denen ich den Eindruck habe, dass sie nur Liebe sind. Sie sind nicht in einen bestimmten Menschen verliebt, sondern sie strömen Liebe aus zu allem hin, was sie berühren: zur Natur, zu den Dingen ihres Alltags, zu den Menschen. Sie sind voll des Heiligen Geistes. Die Bitte der Pfingstsequenz entspringt unserer tiefsten Sehnsucht, nicht nur zu lieben und geliebt zu werden, sondern selbst Liebe zu sein. Auf dem Grund unseres Herzens ist diese Liebe immer verborgen. Doch es braucht den Heiligen Geist, dass er diese Quelle der Liebe zum Strömen bringt und unseren Leib und unsere Seele durchdringt.

Tuorum fi delium – Deiner Gläubigen

Der Heilige Geist wirkt nicht automatisch auf uns ein, sondern er schenkt sich nur dem Menschen, der sich ihm vertrauensvoll hinhält. »Der Geist Gottes vergewaltigt den Menschen nicht, auch nicht zu des Menschen Glück und zu seiner erfüllten Verwirklichung.

So bleibt dieser Dialog echter Dialog, auch wenn die schöpferische Kraft nur von Gott her ausgeht und uns anrührt.« (279f)

Für Delp braucht dieser Dialog zwischen dem Menschen und dem Heiligen Geist eine ehrfürchtige Behutsamkeit und Wachsamkeit. Es genügt nicht, nur seine religiösen Pflichten zu erfüllen.

Viele Menschen, die sich hinter der frommen Pflicht verstecken, überhören »so viele innere Worte und Weisungen, diese leisen Sendungen, diese zarte und vornehme Verhaltenheit Gottes. Die Zuversicht, mit der wir uns Gott nahen, ist das offene Tor, durch das Gottes Wunder, Gottes Kräfte und Gott selbst in unser Leben einziehen« (280).

Sine tuo numine –
Ohne dein Sich-zu-uns-Neigen

Das lateinische Wort »numen« können wir kaum übersetzen. Es meint das Winken mit dem Kopf, die Neigung, das Geneigt sein, die Zuwendung, dann aber auch die göttliche Majestät und Hoheit. Wir sprechen vom Numinosum und meinen das Ehrfurcht gebietende Erschauern vor Gottes Größe.

Alfred Delp interpretiert das »sine tuo numine« als gnadenloses Leben, als Leben ohne die Zuwendung des Heiligen Geistes. Und er sieht darin den großen Irrtum seiner Zeit. Aber nicht nur die Zeit des Dritten Reiches war eine Zeit ohne Erbarmen, eine Zeit, in der sich der Mensch verrannt hat, weil er dachte, er könne allein aus sich heraus leben.

Alfred Delp schließt seine Betrachtung dieser drei Worte »sine tuo numine« mit dem leidenschaftlichen Appell, den wir uns heute genauso zu Herzen nehmen sollten: »Nie wieder sollen die Menschen sich so über ihre Möglichkeiten täuschen und sich solches antun. Die übrig bleiben, sollen die Zusammenhänge wissen und sehen und mit feurigen Zungen künden. Der gnadenlose Weg ist Anmaßung und Absturz. Der Mensch ist nur mit Gott zusammen Mensch« (281).

Wenn der Mensch Gott übersieht, übersieht er auch den Menschen, wird er blind für das, was ihm wirklich guttut und zum Heil dient.

Nihil est in homine – Nichts ist im Menschen

Ohne den Heiligen Geist ist der Mensch nichts. Allein mit sich gelassen, ist er verlassen, verlässt er den Weg des Lebens und geht Irrwege, die eine ganze Generation ins Verderben stürzen können, wie es Alfred Delp am eigenen Leib schmerzlich und existenziell erfahren musste.

Es ist ein Lieblingsgedanke Delps, den er immer wieder aufgreift, dass der Mensch allein nicht Mensch sein könne, sondern nur zusammen mit Gott: »Gott gehört in die Definition des Menschen. Und die innerste Lebensgemeinschaft mit Gott zu den ersten Voraussetzungen eines gelungenen und gekonnten Lebens« (282).

Ohne die Verbindung mit Gott kommt der Mensch selbst in Bedrängnis und bringt andere in Bedrängnis. Daher verlangt die Bitte um den Heiligen Geist zugleich die Bereitschaft, umzukehren und zur Quelle unseres Lebens heimzukehren. Denn nur wenn wir aus der Quelle des göttlichen Geistes schöpfen, können unser Leben und unser Miteinander in der Gesellschaft und in der großen Menschheitsfamilie gelingen.

Nihil est innoxium – Nichts ist unschädlich

»Innoxium« bedeutet unschädlich, ohne Gefahr, sicher. Ohne den Heiligen Geist kehrt sich alles in uns gegen uns. Es vergiftet uns, schadet uns und richtet uns zugrunde. Alfred Delp hat das nicht nur für den Einzelnen gesehen, sondern für eine ganze Generation: »Die Wirklichkeit ohne Gott ist seinshaft falsch. Das seinshaft Falsche aber ist zum Aufbau gesunder Ordnung, zum Schutz gesunden und echten Lebens nicht nur unbrauchbar, sondern gefährlich« (282). Daher hat Delp im Kreisauer Kreis an einer neuen, aus christlicher Verantwortung entworfenen Gesellschaftsordnung mitgearbeitet.

Er hat zur Genüge erkannt, wie gefährlich und schädlich eine Ordnung ohne den Geist Gottes für Deutschland, ja für die ganze Welt werden kann. Aber ohne den göttlichen Geist kann auch das Leben des Einzelnen nicht gelingen.

Nur wenn der Mensch voll des Heiligen Geistes ist, wird sein Leben das, was Gott uns zugedacht hat: ein geglücktes Leben. »Der Mensch im Heiligen Geist ist selbst für sich und den anderen ein wertvoller Mensch und er hat in der Begegnung mit dem Leben, den Dingen, der Wirklichkeit den gütigeren und klareren Blick und die heilendere Hand. Er segnet und wird gesegnet« (283).

Lava quod est sordidum – Wasche, was beflecket ist

Die siebte und achte Strophe der Pfingstsequenz bitten nun den Heiligen Geist, dass er an uns handeln soll. In sechs Bildern wird beschrieben, was der göttliche Geist an uns bewirkt und welche Wunden er heilt.

Die erste Wunde ist die der Verschmutzung. Schmutzig fühlt sich der Mensch, wenn er in Schuld gerät und wenn er die Schattenseiten in sich entdeckt, die er jahrelang verdrängt hat: all die mörderischen Tendenzen, die Feigheit, Gemeinheit, zu der er fähig ist. »Für jedes Leben schlägt die Stunde, in der ihm vor sich selbst graust. In der ihm die ganze Misslungenheit und Ekelhaftigkeit seiner Wirklichkeit das Gemüt erschüttert und die Maske der Selbstsicherheit und Selbstgerechtigkeit vielleicht für diese eine Stunde gelüftet wird, vielleicht auch endgültig fällt.« (285)

Der Mensch möchte seiner Schuld entfliehen. Er verdrängt sie, er übersieht das schmutzige Kleid, das er anhat. Er projiziert seine Schuld lieber auf andere und bekämpft die Sündenböcke, denen er seine Schuld aufgeladen hat.

Das war vielleicht das große Verhängnis des Dritten Reiches, dass Hitler seine ganze Minderwertigkeit dadurch kompensiert hat, dass er andere klein machte. Er konnte an seine eigene Größe glauben, weil er den Schmutz im eigenen Herzen auf die anderen, auf die Juden warf. Statt seine Vaterwunde anzuschauen und Gott hinzuhalten, damit sie im Licht Gottes geheilt werde, hat er sie ausagiert. Und er hat die vielen Menschen in Deutschland, die ihre Vaterwunden nicht bearbeiten wollten, dazu eingeladen, sie mit ihm zusammen an den Andersdenkenden auszuleben. So hat er die ganze Welt mit dem Schmutz seiner ungeheilten Seele verunreinigt.

Niemand kann seiner Wahrheit entgehen. Wir können uns den eigenen Schmutz nicht selbst abwaschen. Wir müssen Gott darum bitten. Das Bild des Waschens führt uns wieder zum Bild der Quelle zurück, die alles, was um sie herum unrein ist, reinigt und klärt. Delp schließt seine Betrachtung dieser Bitte mit den Worten: »Es bedarf großer Gnade und Güte Gottes. Es bedarf der schöpferischen Berührung durch Gott. Es bedarf der Entsiegelung der göttlichen Heilsquellen durch die ehrliche Hinwendung, Übergabe und Bitte« (287).

Riga quod est aridum – Tränke, was vertrocknet ist

Die zweite Not des Menschen ist, dass sein Leben vertrocknet und dürr geworden ist: leer, ohne Saft und Kraft, unfruchtbar. Die Quellen, aus denen er lebt, sind vertrocknet.

Da bedarf es des Rufes nach der nie versiegenden Quelle des Heiligen Geistes, die das Vertrocknete und dürr Gewordene in uns wieder bewässert und befruchtet.

Alfred Delp nennt drei Arten der Unfruchtbarkeit und Dürre, die der Bitte um den befruchtenden Gottesgeist bedürfen: »Die vergebliche Begabung, die über den großen Ansatz, die große Gebärde und Geste nicht hinauskommt. Die wohl einmal eine Gemeinde, ein Geschlecht begeistern kann, aber doch keinen endgültigen Wert schafft oder enthüllt.

Die persönliche Dürre, in die der Einzelne geraten kann gerade im innersten Leben und Erleben, nicht nur im natürlichen Erkennen und Gestalten, sondern auch und gerade in der Gottesbegegnung, im lebendigen Dialog mit ihm, in der beständigen Partnerschaft. Das unschöpferische Geschlecht: dass auf einmal einem ganzen Volk, einer ganzen Generation nichts Gescheites mehr einfällt, weder im praktischen Erkennen noch in der Gestaltung, weder in der Kunst noch in der Politik, weder in der Philosophie noch in der Theologie noch in der Religiosität« (288).

Man könnte meinen, Delp beschreibe nicht nur die Zeit des Dritten Reiches, sondern auch unsere Zeit, die sich ebenfalls durch Fantasielosigkeit, durch den Verlust der Träume und Visionen auszeichnet.

So ist der Ruf nach dem Heiligen Geist nicht nur eine persönliche Bitte, sondern auch das

Flehen um die schöpferische Kraft für unsere Gesellschaft, für unsere Welt.

Am Ende seiner Meditation kommt Alfred Delp nochmals auf die Erfahrung der persönlichen Wüste zu sprechen, in die der Mensch geraten kann. Die Wüste ist ein Bild dafür, dass der Mensch innerlich vertrocknet ist und dass alles um ihn herum dürr geworden ist.

Der Mensch kann seine Wüste nur im Blick auf den Heiligen Geist bestehen, der in ihm die Quelle des Lebens wieder zum Strömen bringt: »Die Wüsten müssen bestanden werden, die Wüsten der Einsamkeit, der Weglosigkeit, der Schwermut, der Sinnlosigkeit, der Preisgegebenheit. Gott, der die Wüste schuf, erschließt auch die Quellen, die sich in fruchtbares Land verwandeln. Das flehende Herz und der vertrauende Sinn rufen seine Treue« (290).

Sana quod est saucium – Heile, was verwundet ist

Jeder Mensch wird in seinem Leben verwundet, ob er es will oder nicht. Manche leiden ein Leben lang an ihrer Vater- oder Mutterwunde, an den Kränkungen, die sie als Kind erfahren haben, an ihrem beschädigten und verletzten Leben.

Viele versuchen, die Wunden ihrer Vergangenheit therapeutisch aufzuarbeiten. Sie müssen den Schmerz, den sie damals verdrängt haben, in der Begleitung eines anderen nochmals anschauen.

Die Bitte, dass der Heilige Geist heilen möge, was in uns verwundet ist, setzt die Hoffnung darauf, dass unsere Wunden vor Gott und von Gott her geheilt und verwandelt werden können. Statt immer nur um unsere

Wunden zu kreisen und andere dafür verantwortlich zu machen, rät Alfred Delp dazu, sie einfach Gott hinzuhalten:

»Irgendwann muss alles Denken und müssen alle Fluchtversuche aufhören. Man muss ganz ruhig liegen, sonst reißen die Dornen des Gestrüpps, in das man gefallen ist, nur neue Wunden. Ganz ruhig liegen und seine Ohnmacht wissen und die heilende Hand Gottes suchen. Seinen heiligen und heilenden Strom herausweinen, in uns hineinleiten, der uns von innen her den Dingen gewachsen machen wird« (292).

Im Weinen, so meint Delp hier, weinen wir nicht nur die eigene Not heraus, sondern öffnen uns zugleich dem Heiligen Geist, damit der Strom seiner heilenden Liebe in uns einströmen kann.

Alfred Delp spricht nicht nur von den Wunden, die andere uns zufügen, sondern auch von Wunden, die von innen kommen: »Wenn der Glaube schwankt, die Hoffnung zerbricht, die Liebe erkaltet, die Anbetung erstarrt, der Zweifel nagt, der Kleinmut sich über alles Leben breitet wie das Leichentuch der Winterlandschaft, der Hass und die Anmaßung den inneren Atem würgen: dann ist das Leben auf den Tod verwundet« (293).

Und er weiß, dass der Mensch diese Wunde nicht aus sich heraus zu heilen vermag. Delp hat es im Gefängnis selbst erfahren, dass er sich dazu an Gottes Geist wenden muss: »Allein hätte ich es schon lange nicht mehr geschafft. Schon damals in der Lehrterstraße nicht. Gott heilt. Die heilende Kraft Gottes lebt in mir und mit mir« (293).

Flecte quod est rigidum – Beuge, was verhärtet ist

»Rigidus« bedeutet starr, steif, unbiegsam, unbeweglich, hart, rau, grausam. Die Sprache verrät hier, dass sie etwas vom Menschen versteht: Wer in sich erstarrt ist, der wird unbeweglich und hart, ja er wird grausam mit sich und anderen umgehen.

Er wird »rigoros«, ein Wort, das ja vom lateinischen Ursprung abgeleitet ist. Das Leben dagegen ist immer in Bewegung. Es fließt und strömt. »Die Erstarrung ist Fixierung des Daseins auf einen beliebigen Punkt der Lebensstraße, ist Abfall vom Gesetz der Wanderschaft, ist vorzeitige und deshalb unzeitige Sehnsucht nach einem endgültigen Ort« (294). Der Mensch erstarrt, wenn er sein Herz an leblose Dinge – wie Besitz und Reichtum – hängt.

Gefährlicher ist für Alfred Delp aber die innere Erstarrung. Der Mensch hört auf, nach den Sternen zu greifen, er bleibt in sich selbst gefangen. Er wird »ein Mensch der Auswahl, der Rast, der inneren Pensionierung« (294). »Er ist an sich selbst angebunden und verkümmert dort. Er wird des lebendigen Glaubens unfähig, weil er des Dialoges unfähig wird, der Urform des kreatürlichen Lebens in jeder Hinsicht« (296).

Aber der Mensch kann auch erstarren, weil das Schicksal ihn überfordert, »ihn an feste Plätze und Pfähle bindet, ihn einkerkert, ihm alle möglichen Auswege versperrt und alle Türen zuschlägt. Die Erstarrung in Schrecken, die Verhärtung durch das Erlebnis und aus Erlebtem sind oft eine Notwehr« (295).

Alfred Delp hat hier sicher seine eigene Situation vor Augen. Aber während das Gefängnis ihn für das Strömen des Heiligen Geistes bereitet hat, erinnert er sich an seine Härte, die er an den Tag legte, als er noch auf seinen unabhängigen Geist und auf seine Begabungen stolz war:

»Es war doch nur Selbsttäuschung und Anmaßung. Das hab' ich mittendrin schon gespürt, da ich jedes Mal, wenn ich den anderen weh tat, dieses Weh selbst spüren musste und gespürt habe. Geholfen hat mir die geläuterte Begegnung mit Gott, die, je ehrlicher sie wurde, um so mehr mich zwang, diese anmaßende Lieblosigkeit dranzugeben. Die Fähigkeit aber zur geläuterten und gesteigerten Begegnung mit Gott verdanke ich der erschließenden und lösenden Begegnung mit Menschen, die viel Brachland in mir zum ersten Mal unter den Pflug gebracht haben« (296f).

In Gesprächen begegne ich manchmal rigorosen Menschen, die in sich erstarrt sind. Ihr

Gesicht ist unbeweglich wie eine Maske. Ich kann ihre Gefühle nicht erraten. Sie verstecken sie hinter der harten Maske.

Mir tut es weh, solchen Menschen zu begegnen. Sie brauchen offensichtlich die Erstarrung, weil sie Angst vor dem Leben haben. Sie haben Angst, sie könnten »versumpfen«, weil sie in sich keinen Halt finden.

So brauchen sie den äußeren Halt einer starren Fassade. Doch diese schneidet sie vom Leben ab. Es ist nicht mein Recht, ihnen diese Fassade zu nehmen. Denn dann würde ihr schwach gebautes Lebenshaus zusammenstürzen.

Es bedarf des Heiligen Geistes, der das Leben in ihnen stärkt und das hart Gewordene aufweicht. Wenn ich das Harte breche, zerbricht der Mensch, der sich dahinter verbirgt. Wenn jedoch das Harte durch den Heiligen

Geist berührt wird, wird es biegsam. Nur der biegsame Mensch kann heil durch die Krisen kommen.

Fove quod est frigidum – Wärme, was erkaltet ist

Der Mensch erkaltet, wenn die Liebe in ihm aufhört zu strömen. Alfred Delp denkt aber nicht nur an den Einzelnen, der kalt wird, wenn ihm die Liebe und die Leidenschaft abhandenkommen.

Er denkt auch an die Gesellschaft, an die Kultur des Abendlandes, von der er sagt, sie sei den Kältetod gestorben. »Der Mensch ist so viel Mensch und so groß Mensch, als er liebt. Dieses Abendland und diese Menschen haben keine große Liebe mehr gekannt, keine Leidenschaft zum Absoluten. Unsere Herzen zitterten nicht mehr, wenn wir der Urwirklichkeiten gedachten: Herrgott, Mensch, Sendung. Es wurde alles noch gelehrt, verkündigt, weitergesorgt, geübt wie früher. Aber es fehlte die schöpferische Quelle in uns, der echte Aufschwung, die große Hingabe, eben die Leidenschaft.« (297f)

Alfred Delp sieht die Erstarrung vor allem in zwei Bereichen: in der bürgerlichen Gesellschaft und in der bürokratischen Kirche. Die bürokratische Kirche zeichnet sich dadurch aus, dass sich die Werte der bürgerlichen Gesellschaft auch in ihr angesiedelt haben, wie »Besitz, Macht, gepflegtes Dasein, gesicherte Lebensweise« (300).

Und Delp bedauert die »Namenlosigkeit und Gesichtslosigkeit der Führung« in der Kirche. Die Kirche muss wieder dem lebendigmachenden Heiligen Geist trauen, der sie aus den Trümmern einer zu Bruch gegangenen bürgerlichen Institution herauszuführen vermag: »Lass uns die Freiheit Gottes lieben und die Wahrheit des Geistes tun und seiner Lebendigkeit uns ergeben« (301).

Die Kälte unserer Gesellschaft und Kirche greift auch nach unseren Herzen. Gerade in einer solchen Situation brauchen wir die Bitte um das Feuer des Heiligen Geistes, um die Wärme der göttlichen Liebe, die uns von innen her wärmt und das Kalte in uns auftaut.

Das Gebet um den Heiligen Geist will das Feuer in uns wieder zum Brennen bringen. Und die Verehrung des Heiligen Geistes will dieses Feuer in uns hüten, damit sich auch andere an diesem göttlichen Feuer in uns wärmen können.

Ob in einem Menschen die Glut des Heiligen Geistes ist oder nicht, erkennt man an seiner Sprache. Oft ist die Sprache kalt. Sie ist abgeschnitten von den Emotionen. Sie strömt nicht aus dem Herzen, sondern aus einer inneren Kälte heraus. Eine kalte Sprache lässt die Menschen erstarren.

Der Evangelist Lukas spricht in der Apostelgeschichte davon, dass der Heilige Geist an Pfingsten in Gestalt von Feuerzungen auf die Jünger herabkommt (vgl. Apg 2,1–13). Unsere Sprache wird durch die Glut des Heiligen Geistes zu einer wärmenden Sprache, zu einer Sprache, bei der ein Funke in die Herzen der Menschen überspringt.

Die Sprache des Geistes ist eine Sprache, die alle Herzen erreicht, über die Grenze der verschiedenen Sprachen und Kulturen und Religionen hinweg. Das haben die Jünger an Pfingsten auf wunderbare Weise erfahren. »Alle wurden mit dem Heiligen Geist erfüllt und begannen, in fremden Sprachen zu reden, wie es der Geist ihnen eingab.« (Apg 2,4)

Und alle Menschen, die aus den verschiedensten Gegenden der damals bewohnten Erde nach Jerusalem kamen, wunderten sich: »Sind das nicht alles Galiläer, die hier reden? Wieso kann sie jeder von uns in seiner Muttersprache hören?« (Apg 2,7f)

Wir sehnen uns heute nach der Glut des Heiligen Geistes, die unsere Herzen wärmt, die in der Kälte dieser Welt selbst kalt zu werden drohen. Und wir sehnen uns gegenüber der kalten Sprache, die nicht nur in der Wirtschaft, sondern manchmal auch in der Kirche gesprochen wird, nach einer wärmenden Sprache, die die Herzen erreicht und die die Menschen in einer menschlicheren Gesellschaft zusammenführt.

Und wir sehnen uns danach, dass das Feuer der Liebe die Herzen entzündet und miteinander verbindet. Nur so wird diese Welt menschlicher, liebevoller. So kann die Welt zu einem Haus werden, in dem Menschen sich wirklich zu Hause fühlen.

Rege quod es devium – Lenke, was da irregeht

»Devius« bedeutet vom Wege abführend, auf unrechtem Weg befindlich, töricht, unvernünftig, unwegsam, unpassend. Allzu leicht weichen wir vom Weg ab, der uns zum Leben führt, und gehen lieber irrige Wege, die ins Verderben münden. Der breite Weg, so sagt die Bibel, führt ins Verderben (vgl. Mt 7,13). Der breite Weg ist der Weg, den die meisten gehen.

Der Heilige Geist möge uns den engen Weg zeigen, der genau für uns stimmt, auf dem wir die Weite und Freiheit des göttlichen Lebens entdecken. Auf ihm können wir das Leben finden, das Gott uns zugedacht hat.

Wenn wir den breiten Weg gehen, geraten wir oft in eine Krise. Dann rebelliert unsere Seele dagegen. Sie mahnt uns, dass wir den Weg gehen, der unserem wahren Wesen und dem einmaligen Bild, das Gott sich uns gemacht hat, entspricht.

Alfred Delp denkt bei »devium« vor allem an den Verlust der natürlichen wie der übernatürlichen Instinkte. Und er beklagt diesen Verlust der Instinkte nicht nur in der Gesellschaft, sondern vor allem auch in der Kirche.

So meint für ihn die Bitte um den Heiligen Geist »die Heilung dieser Instinktlosigkeit«: »Wir haben uns als Einzelne und als Kirche in den letzten Zeiten so oft vergriffen in der Art der Begegnung mit dem Menschen, mit der Wertung und Schätzung von Situationen und geistigen Wirklichkeiten, in der Kunst der Menschenführung, in der Darbietung der Lehre und noch in so vielem anderen, dass wir doch allen Grund hatten und haben, über uns selbst zu erschrecken. Ach ja, unsere Taktiken sind immer noch gerissen, unsere Rhetorik immer noch beredet, die Kirchenpolitiker immer noch ›klug‹: aber es fehlt eben jene einfältige Sicherheit, die das Richtige spürt und tut, ohne es recht zu wissen« (302).

So ist die Bitte »Lenke, was da irregeht« auch in unserer Zeit hochaktuell: Sie ist die Bitte, dass wir wieder ein Gespür für das »Eine Notwendige« bekommen, ein Gespür für das, was Gott heute von uns will.

Gesellschaftliche Krisen entstehen, weil wir den uns angemessenen Weg verlassen und in die Irre gehen. So ist die Bitte, dass der Heilige Geist die Menschen, die in die Irre gehen, lenken möge, ein Gebet für unsere Gesellschaft und für alle, die in der Gesellschaft Verantwortung tragen. Und sie ist auch eine persönliche Bitte. Denn wir alle sind immer wieder in Gefahr, in die Irre zu gehen und allen möglichen Schreckensmeldungen oder aber euphorischen Heilszusagen zu erliegen.

Der Heilige Geist möge uns den Weg zeigen, der zum Leben und in die Wahrheit führt, der uns zu uns selbst, zueinander und zu Gott hin lenkt.

Da tuis fidelibus – Gib deinen Gläubigen

Alfred Delp kommt hier nochmals auf den Glauben zu sprechen. Der Glauben ist der Ort der Begegnung mit Gott und die Voraussetzung dafür, dass der Geist Gottes in uns eindringen kann. Das Leben im Geist kann sich für ihn »nur in der Sphäre und Atmosphäre personaler Intimität ereignen und entfalten« (303).

Der Heilige Geist kann in uns nur wirksam werden, wenn wir unsere urpersönliche Antwort auf seinen Anruf geben. Es braucht den persönlichen Dialog zwischen dem Geist, der in den leisen Regungen des Herzens zu uns spricht, und uns, die wir darauf antworten: »Der personale Dialog ist die Grundform der geistigen Lebendigkeit. Gib deinen Gläubigen, beten wir. Es ist wie bei der echten Liebesbegegnung zweier gesunder Menschen. Das Herz wagt es, sich zum Herzen zu gesellen, weil es sich selbst im anderen Herzen schon findet als Heimat der Sehnsucht, als gesuchten Gesellen und Gefährten, als erkannten und geschätzten Wert« (303).

Die Bitte um den Heiligen Geist sieht Alfred Delp aber nicht nur als persönlichen Dialog der Liebe, sondern auch als Ruf der Zeit und als Gebet der ganzen Kirche – gerade in einer Zeit, in der »wir die Bedürftigkeit der Welt, in die wir geraten sind, die Ausplünderung der Kreatur, der wir anheimfielen, erfahren und begreifen« (304).

In te confi dentibus – Denen, die auf dich vertrauen

Der Glaube vollendet sich im Vertrauen. »Das Vertrauen ist die Ruhe und Zuversicht, die den Menschen überkommt, wenn er weiß, dass er sich auf die Wertigkeit und Tragfähigkeit des Seins, das ihm zur Verfügung steht, verlassen kann« (304).

Der Heilige Geist braucht unser Vertrauen, damit er in uns wirken kann. Aber er selbst ist es auch, der das Vertrauen in uns entstehen lässt. Er zeigt uns, dass wir nicht allein in dieser Welt sind, sondern dass alles vom Geist Gottes durchdrungen und getragen ist.

Vertrauen ist mehr als das Urvertrauen, das wir in der Kindheit mitbekommen haben, mehr als das Vertrauen, dass im Grunde alles gut ist. Vertrauen ist letztlich ein personales Geschehen, das sich in der personalen Intimität der Liebe am deutlichsten zeigt. Der Heilige Geist befähigt uns zu solch liebendem Vertrauen in Gott und in den geliebten Menschen hinein.

Aber die Frage ist, ob wir auch dem Geist Gottes selbst trauen, ob wir ihm zutrauen, dass er uns verwandelt und das Bild, das Gott sich von uns gemacht hat, immer mehr in uns ausformt.

Delp schließt seine Betrachtung dieses Textstückes und damit auch der gesamten Pfingstsequenz – offensichtlich konnte er im Gefängnis nicht weiterschreiben – mit dem Appell, dem Geist Gottes in uns zu trauen:

»Diese Verwirklichung des wunderbaren Lebens im Heiligen Geist ist auch auf unser Vertrauen gestellt. Wir sind trotz des Geistes, der uns innewohnt, oft so müde und furchtsam, weil wir dem Geist Gottes nicht zutrauen, aus uns etwas zu machen. Wir glauben der eigenen Dürftigkeit mehr als den schöpferischen Impulsen des Herrgottes, der in uns unser Leben mitlebt. Darauf kommt es an, auf das Vertrauen, dass wir immer noch geeignet sind, uns den schöpferischen Segnungen Gottes zu ergeben und unter diesen Segnungen erfüllte und lebenstüchtige Menschen zu werden. Selig, die Hunger und Durst haben« (305).

Das Vertrauen in allen Lebenslagen, gerade auch in einer Krise, war ein wichtiges Anliegen von Alfred Delp. Bekannt geworden ist sein Wort, das er im Gefängnis geschrieben hat: »Lasst uns dem Leben trauen, weil Gott es mit uns lebt« (8). Es wurde im Jahre 1984 zum Motto des Katholikentages in München. Offensichtlich haben die Verantwortlichen in der Kirche damals gespürt, dass auch unsere Zeit dieses Vertrauen braucht.

Der Grund dieses Vertrauens ist, dass Gott mit uns lebt. Gott ist auch mit uns in unseren Krisen. Deshalb dürfen wir auch dort voller Vertrauen und Mut hindurchgehen.

Sacrum septenarium – Die heilige Siebenzahl

Die Siebenzahl meint die sieben Gaben, die die Tradition dem Heiligen Geist zuschreibt. Sieben ist eine heilige Zahl. Sie ist zusammengesetzt aus der Vier und der Drei, aus der Zahl für die Elemente und aus der Zahl, die für den dreifaltigen Gott steht.

Sieben meint, dass der Mensch in Gott hinein verwandelt wird, dass Irdisches in Himmlisches, Menschliches in Göttliches verwandelt wird. Der Heilige Geist ist der große Wandler und Verwandler. Wenn er uns durchdringt, dann wird alles in uns in das Bild verwandelt, das Gott sich von uns gemacht hat.

Das ist das Ziel unseres Lebens: dass wir mehr und mehr das einmalige und einzigartige Bild werden, das Gott sich von uns ausgemalt hat. Wenn wir dieses Bild werden, dann leben wir authentisch und stimmig, dann kann alles zur Entfaltung kommen, was Gott uns an Fähigkeiten und Möglichkeiten geschenkt hat.

Aber wir können uns nicht selbst in dieses Bild verwandeln. Dazu brauchen wir den Heiligen Geist, der so in uns eindringt, dass alles in uns von Gott berührt, geheilt, aufgerichtet und zum Leben geweckt wird.

Da virtutis meritum – Gib den Lohn der Tugend

Was mit dieser Bitte gemeint ist, können wir erahnen, wenn wir die beiden Worte genauer anschauen. »Virtus« kommt im Lateinischen von »vir« und meint alles, was den Mann auszeichnet: die Geschicklichkeit, die Kunst, die Tapferkeit, Herzhaftigkeit, die Tugend, gute Eigenschaften, Kraft.

»Meritum« meint Lohn und Verdienst. »Virtus« bezieht sich auf unser eigenes Tun, auf das herzhafte Zupacken, auf die Tugend, die wir einüben. Das deutsche Wort »Tugend« kommt von »taugen«.

Der Heilige Geist will uns zu tüchtigen Menschen machen, die etwas in dieser Welt taugen und die sich voller Kraft den Aufgaben stellen, die die Welt uns aufgibt. Der Heilige Geist zeigt sich in der Geschicklichkeit, mit der wir an die Lösung unserer Probleme herantreten.

Und er drückt sich aus in der Kraft, die sich nicht lähmen lässt, wenn sich ihr Widerstände in den Weg stellen. Aber wir bitten nicht nur um die Tüchtigkeit und Tugend, sondern auch um den Verdienst, der daraus resultiert.

Wir dürfen uns diesen Lohn nicht äußerlich vorstellen, als ob uns der Heilige Geist mit irgendetwas belohnt, wenn wir gut genug gekämpft haben. Der Lohn steckt vielmehr in der Tugend selbst. Wir bitten darum, dass die Tugend auch ihr Ziel findet, dass wir nicht ins Leere kämpfen. Ja, letztlich bitten wir darum, dass unser Leben gelingen möge und ein Leben wird, das dieser Welt seine ureigene Spur einprägt, ein Leben, an dessen Ende wir sagen können: Es war gut so.

Da salutis exitum – Gib Vollendung des Heils

Die Bitte um das Gelingen unseres Lebens drückt sich in drei Bitten aus. Die erste, eben schon beschriebene Bitte bezieht sich auf das Leben in der Gegenwart. Wir bitten, dass unser Leben jetzt tauge, voller Kraft sei und den Lohn in seiner Lebendigkeit selbst erfahre.

Die nun folgende zweite Bitte sieht auf den Ausgang unseres Lebens. Wir bitten um ein gutes Ende (»exitus«), um einen erfolgreichen Ausgang, um Vollendung unseres Heils (»salus«). »Salus« kann Gesundheit, Wohlbefinden, Heil, Glück und Rettung bedeuten.

Wir bitten den Heiligen Geist, dass wir am Ende unseres Lebens endgültiges Heil und Glück erfahren dürfen. Aber wir bitten auch darum, dass die Gesundheit und das Wohlbefinden, das der Heilige Geist uns hier schenkt, bis zum Ende dauern möge.

Wenn aber eine Krankheit uns in die Krise stürzt, dann bitten wir darum, dass der Heilige Geist uns in der Krankheit Heil erfahren lässt: ein Heilsein und Ganzsein, das durch die Krankheit nicht aufgelöst wird. Der Heilige Geist soll uns dann durch die Krankheit zu dem inneren Selbst führen, das heil und ganz und nicht von Schwäche und Krankheit angefressen ist.

Da perenne gaudium – Gib beständige Freude

Diese dritte Bitte zielt nun auf das Leben in der Herrlichkeit Gottes. Dort wird ewige Freude sein. »Perennis« meint eigentlich: das ganze Jahr hindurch, bleibend, beständig, immer während, etwas, das nie versiegt.

Die immerwährende Freude, die wir im Himmel erhoffen, soll aber auch schon jetzt in uns sein. Der Heilige Geist ist die Freude Gottes, die uns schon hier durchdringt.

Und so bitten wir nicht nur um die Freude in der ewigen Herrlichkeit, sondern auch darum, dass die göttliche Freude schon hier in diesem Leben beständig in uns bleibt und nicht durch Schicksalsschläge und Enttäuschungen getrübt wird.

Wenn der Heilige Geist in uns ist, dann ist mit ihm schon jetzt Gottes Freude in uns, eine Freude, die unabhängig ist von Erfolg oder Misserfolg, von Gesundheit oder Krankheit, von Zuwendung oder Ablehnung.

Für die frühen Christen war es eine wichtige Frage, wie sie hier und jetzt schon der Aufforderung des heiligen Paulus gerecht werden können: »Freut euch zu jeder Zeit!« (1 Thess 5,16).

Wir können uns nur dann freuen, wenn wir dem Geist Gottes in uns Raum geben, wenn wir uns von ihm bestimmen lassen und wenn wir uns von ihm her definieren. Diese dauernde Freude wird auch durch den Tod nicht zunichtegemacht werden.

Diese letzte Bitte scheint in der Krise eher eine Vertröstung auf das Jenseits zu sein.

Doch so ist sie nicht gemeint. In der Krise zu wissen, dass mein Leben auf jeden Fall gelingen wird – wenn nicht hier, so doch in der Ewigkeit –, das relativiert die Krise.

Ich bin auch in der aktuellen Krise vom Heiligen Geist erfüllt, der mir hier schon Anteil an seiner Freude schenkt. Er ermöglicht es mir, mit einer gelassenen Heiterkeit – »hilaritas« war für die frühen Mönche das Kennzeichen für eine geisterfüllte Haltung – durch meine Krisen zu gehen.

Die Kirchenväter sprechen von der Freude des Heiligen Geistes als einer Freude, die uns niemand nehmen kann – auch kein Unglück oder keine Krankheit, auch keine Krise und kein Scheitern. Diese Freude vermag auch dem Tod standzuhalten und ihn zu überwinden.

Vielleicht fragst Du Dich, liebe Leserin, lieber Leser, wie die Meditation der Pfingstsequenz helfen soll, mutig durch die Krisen zu gehen, die Dich heimsuchen. Vielleicht denkst Du, dass Alfred Delp im Gefängnis vor der bedrohlichen Situation des nahenden Todes in eine erbauliche Meditation geflüchtet sei.

Doch das würde seiner Erfahrung strikt widersprechen. Für Alfred Delp war gerade das Eintauchen in die Meditation eine Hilfe, der grausamen Welt des Gefängnisses ihre Macht zu nehmen. Er ist vor dieser Welt nicht geflohen. Er hat vielmehr das getan, was in so einer kritischen Situation Trost und Stärkung bedeuten kann: seine Zuflucht zum Gebet und zur Meditation zu nehmen.

Indem er die Pfingstsequenz auf dem Hintergrund seines drohenden Todes meditiert hat, kam er mit sich selbst in Berührung. Er konnte Abstand nehmen von den Ängsten, die ihn manchmal nachts heimsuchten.

In den Worten dieses alten Hymnus fand er Trost in einer trostlosen Umgebung. Er bekam in seiner Meditation Anteil an den Erfahrungen, die Stephan Langton vor 800 Jahren mit dem Heiligen Geist gemacht hat und die er in seinen Hymnus hineinfließen ließ.

Das Eintauchen in die Welt des Heiligen Geistes und die Teilnahme an der Glaubenserfahrung anderer Menschen vor ihm haben ihm Kraft gegeben, an seiner eigenen Würde festzuhalten – auch wenn ihm diese von der Gestapo nicht zugestanden wurde. Er hat sich nicht angepasst und verbogen. Er konnte aufrecht durch alle Bedrängnisse gehen.

Aus diesem Grund wollte ich Dich, liebe Leserin, lieber Leser, teilhaben lassen an der Erfahrung von Alfred Delp, an der Erfahrung von Stephan Langton und an der Erfahrung all der Menschen, die seit dem Jahre 1200 diese Pfingstsequenz gesungen und meditiert haben. Ich vertraue darauf, dass die Meditation dieses Hymnus oder auch des wunderbaren Hymnus von Hrabanus Maurus »Veni creator spiritus« Dir neue Stärke und Kraft verleiht, mutig durch Deine Krisen zu gehen.

Schlussgedanken

Zum Abschluss wünsche ich Dir, liebe Leserin, lieber Leser, dass Du Dich nach dem Lesen dieses Buches nicht blind auf meine Gedanken verlässt, sondern dass Du Dich durch meine Worte vielmehr dazu inspirieren lässt, mit den inneren Möglichkeiten in Berührung zu kommen, die auf dem Grund Deiner Seele für Dich schon bereitliegen.

Ich wünsche Dir, dass Du durch das Lesen nicht nur in eine andere Welt eintauchst, sondern auch die Welt im eigenen Herzen entdeckst, die so anders ist als all das, was Dir die Welt sonst vorgaukelt.

Wenn Du mit Deiner eigenen Kraft in Berührung kommst, die von der Quelle des Heiligen Geistes gestärkt wird, dann kannst Du mutig und getrost die Schritte tun, die Dich durch die Krise führen.

Du wirst dann neue Chancen in Deinem Leben entdecken!

Literatur

Georges Cottier

Das Krisenbewusstsein in der modernen Philosophie

In: Krise im heutigen Denken?, herausgegeben von V. Norbert A. Luyten, Freiburg im Breisgau/München 1972, 7–41.

Alfred Delp

Gesammelte Schriften, Band 4

Frankfurt am Main 1984.

Günther Schnurr

Krise

In: Theologische Realenzyklopädie, Band 20, Berlin 1990, 61–65.

In gleicher Ausstattung sind von Anselm Grün in dieser Reihe bisher erschienen:

Alles Gute zum Geburtstag
Auf der Suche nach dem inneren Gold
Das Geheimnis der Begegnung
Du bist ein Engel für mich
Du wirst gehalten
Ein Licht auf deinem Weg
Freu dich am Leben
Ich wünsch dir einen Freund
Leben aus der Stille
Verschenke dein Herz
Vertrau auf deine Stärke
Wage den Neuanfang

Vier-Türme-Verlag
Schweinfurter Straße 40, 97359 Münsterschwarzach
Tel. 09324 / 20 295, Fax: 09324 / 20 495
Bestellmail: info@vier-tuerme.de
www.vier-tuerme-verlag.de